KB146436

조선사의 현장으로 01

1751년, 안음현 살인사건

조선사의 현장으로 01

1751년, 안음현 살인사건

이상호 지음

푸른역사

조선시대 형사제도에 대해 우리는 흔히 죄인에 대한 고문과 "네 죄를 네가 알렷다"라는 호통으로 점철된 과정뿐이라 알고 있다. 정말 그러기만 했을까? 1751년 음력 6월 18일 안음 현安陰縣(현 경상남도 함양군 안의면 일대)에서 기찰군관 두 명이 무참히 살해되는 살인사건이 발생했다. 그런데 이를 처리하는 과정은 우리의 흔한 오해에서 벗어나 있었다. 검시 규정에 따른 초동수사, 범인을 확정하고 형량을 정하는 세밀한 절차, 왕명에 의해서만 중형에 처하도록 하는 형사정책까지 어느 하나 새롭지 않은 게 없을 정도다. 작은 고을에서 발생한 살인사건이 도 단위를 넘어 국가적 판단까지 요구하는 조선시대 형사시스템의 한 단면을 그대로 보여 주는 사례다.

작은 고을에서 작동되는 조선의 사법시스템

지금도 마찬가지지만 사람 사는 곳에는 늘 범죄가 발생한다. 특히 다른 사람의 목숨을 빼앗는 살인범죄는 오랜 역사를 자랑한다. 국가의 중요한 책무 가운데 하나는 살인한 사람을 찾아 책임을 묻고, 다시는 억울한 죽음이 생기지 않도록 하는 것이다. 이 때문에 적어도 국가라면 이러한 책무를 수행하기 위해 구체적인 시스템을 만들고, 공권력을 비롯한 여러 국가 자산을 활용하여 모든 범죄 현장에서 그러한 시스템이 '반드시' 그리고 '공평하게' 실행되도록 해야 한다. 선진적인 국가일수록 사법체계는 정밀하면서도 꼼꼼하고, '억울한 죽음'과 그로 인한 2차 피해가 발생하지 않도록 힘을 쏟게 마련이다.

현재 대한민국 역시 살인사건이 발생하면 국가시스템이 꼼꼼하게 작동한다. 범인을 확정하는 수사에서부터 적절한 처벌 수위를 결정하기 위한 여러 재판까지, 엄청나게 복잡해 보일 정도로 여러 단계의 사법체계가 가동된다. 물론 여기에서도 집행자에 따라 세부적인 처리 과정에서의 미진함이 있을 수 있지만, 적어도 집행하는 사람 개개인의 열정과 게으름의 차이에 따라 그 결과가 크게 달라지지 않는 시스템을 만들기 위해 노력해 왔다.

이는 조선시대 역시 마찬가지였다. 물론 조선시대가 현대에 비해 인권에 대한 기준이 낮았고, 오랜 역사적 발전 과정에서 축적된 사법시스템이 없었던 것도 사실이다. 그렇다고 조선이 지방관이 자기 마음대로 범인을 특정하고, 중형을 멋대로 집행할 수 있는 허술한 나라도 아니었다. 억울한 죽음과 그로 인한 2차 피해를 막으려는 조선의 국가시스템을 구체적인 사례를 통해 살펴보아야 하는 이유다. 이 같은 관점 아래 이 책은 조선시대 사법시스템의 존재와 그것의 적용 여부를 안음현 살인사건의 처리 과정에서 살펴보려 했다. 다시 말해 이 책은 안음현 살인사건을 수사했던 지방관들의 열정과 노력에 초점을 맞추어, 그들이 얼마나 유능하고 뛰어난 사람이었는지를 드러내기 위한 목적에서 집필된 것은 아니다.

1751년 안음현에서 일어난 이 사건은 한양에서 일어난 고관대작이나 양반이 피살된 것이 아니었다. 국가를 떠들썩하거나 할 정도로 의미가 컸던 사건도 아니었다. 그러나 이를 처리하는 시스템은 피해자의 신분에 상관없이 지역 공권력이 가진 역량을 모두 동원하여 억울한 죽음의 원인을 밝히고 그 책임을 묻기 위한 노력을 진행하고 있다. 최소한의 절차적 정당성만으로도 고도의 열정을 가진 지방관의 노력과 유사한 결과를 낼 수 있도록 만들어진 조선의 사법체계가 만든 결과다. 구체적인 현장 속에서 우리는 조선을 좀 더 정확하게 이해할 수 있게 된다. 조선을 바라보는 지금의 시각에서 좀 더 현미경의 배율을 높여야 하는 이유다.

기록이 많은 한국사의 또 다른 가능성을 시도하며

필자가 이 책을 집필하게 된 동기는 내털리 제먼 데이비스가 지은 《마르탱 게르의 귀향》(1989)[1]을 읽으면서였다. 1982년에 제작되어 한국에는 1992년 개봉된 다니엘 비뉴 감독의 영화 〈마틴 기어의 귀향〉의 제작에 참여했던 역사학자 내털리 데이비스는 당시 남아 있던 재판 기록들을 모아 당시를 그대로 복원할 수 있는 책을 집필했다. 이 책은 미시사 연구의 방법을 보여 주는 중요한 사례이자 역사적 사실이 어떻게 콘텐츠가 될 수 있는지를 증명한 사례이기도 했다. 필자는 당시 재판에 참여했던 프랑스 똘레 지방의 판사 장 드 코라스가 남긴 재판 기록을 토대로 풍성하게 복원된 이야기를 보면서, 기록이 유난히 많은 우리 역사의 또 다른 가능성을 엿보았다.

필자는 역사 연구자가 아니다. 일기류 기록유산을 가공해서 창작자들에게 제공하는 스토리테마파크(http://story.ugyo.net) 사업을 기획하고 있을 뿐이다. 때문에 이 책을 집필하면서 마음의 부담이 컸던 것도 사실이다. '미시사 연구'와 같은 말을 쉽게 입에 올리기 힘들었다. 그럼에도 기록유산이 어떻게 활용될 수 있을지 공유해 보고 싶었다. 기록에 없는 내용들을 메우고 사건의 원인과 상황들을 좀 더 잘 이해하기 위해 많은 선행 연구의 도움을 받았다. 검시나 형벌 관련 제도사, 감옥이나 지역 관련 연구 등은 특히 기록이 없는 부분을 채우는 데 큰 도움이 되었다.

몇몇 역사학자들의 직접적인 도움이 아니었으면 이 책의 완성은 힘들었다는 점을 밝히고 싶다. 김형수 박사와 이정철 박사를 비롯한 원내 젊은 역사 연구자들의 도움에 깊은 감사

의 마음을 전하고 싶다. 또한 현대 의학의 관점에서 조언을
주신 안동병원 김종규 선생님과 금윤섭 선생님께도 감사의
말씀을 드린다.

안동호 상류에서
저자 씀

≪영영장계등록≫ 해제

이 책은 1751년 음력 10월 12일, 당시 경상감사를 지낸 조재호趙載浩(損齋, 1702~1762)가 중앙정부에 올린 살인사건 보고서(장계狀啓)를 기반으로 안음현에서 일어난 살인사건의 내용과 그 처리 상황 등을 재구성한 것이다. 이 장계는 조재호가 경상감사로 내려오면서 기록한 ≪영영일기嶺營日記≫와 함께 편집되어 있는 ≪영영장계등록嶺營狀啓謄錄≫ 가운데 한 편이다. ≪영영일기≫는 조재호가 1751년 5월 10일 경상감사로 파견되어 활동하다가 1752년 5월 교체되고 그해 7월 이조 판서에 임명되어 서울로 돌아가는 길에 8월 1일 문경 숙소에 묵은 기록까지 약 1년 3개월 정도의 매일을 기록한 일기다. ≪영영일기≫라는 제목으로 남겨진 원본은 총 3책인데, 이 가운데 실제 일기는 1책이고 나머지 2책과 3책이 모두 ≪영영장계등록≫이다. ≪영영장계등록≫은 조재호가 조정에 올린 장계들만 따로 모아 놓은 것이다.

　≪영영장계등록≫이 포함되어 있는 ≪영영일기≫ 원본은 현재

일본 교토대학[京都大學] 도서관에 소장되어 있는데, 장서인이 1919년 7월 12일로 되어 있는 것으로 보아 일제강점기 때에 일본으로 넘어간 것으로 추정된다. 《영영장계등록》에는 경상도 지역의 최고 책임자로서 지역의 문제와 상황, 그리고 사건 처리 등을 보고한 장계들이 대부분 모여 있다. 장계를 올리고 본인 스스로 필사해 놓은 것을 편집한 듯하다. 1751년 부임 후 지역의 기상 상황으로 인한 경제 사정과 그로 인한 세금 감면 요청 내용, 각종 사건사고 내용과 처리 결과, 중앙정부에 대한 요청 등의 내용이 잘 정리되어 있다. 특히 지역의 경제 사정에 따른 백성들의 고충을 토로하는 내용들이 눈에 많이 띄는데, 그만큼 지역을 살피고 지역 백성들의 고단한 삶을 늘 염려스러운 눈으로 돌아본 지방관의 모습을 만날 수 있다.

이 책의 바탕이 되는 장계는 안음현감 심전의 살인사건에 관한 보고서를 기반으로, 검시와 신문, 사건의 조사 등을 기록하고, 경상감영에서 이를 어떻게 지휘해서 최종 결론에 닿았는지 보고한 것이다. 당시 살인사건은 왕에게 보고하고 그에 따른 판결을 받아 처리해야 하기 때문에, 검시 관련 모든 서류와 신문 기록 등을 첨부해서 보고서로 올렸을 것이다. 사건의 경위와 검시 결과, 신문 내용 등이 매우 상세하게 기록되어 있어서, 최종 판결을 내려야 하는 왕의 입장에서 사건을 재구성하는 것이 어렵지 않을 정도다.

조재호의 《영영일기》 원본은 현재 한국에 남아 있지 않지만, 경북대학교 영남문화연구원에서 이 책을 영인한 후 번역하고 주석을 달아 《역주譯註 영영일기嶺營日記·영영장계등록嶺營狀啓謄錄》[2]으로 2004년 출간했다. 안음현 살인사건에 관한 보고서는 이렇게 국역된 1751년 10월 12일 자 기록으로, 국역서 247~264쪽에 걸쳐 게재되어 있다. 필자는 이를 기반으로 전체 사건을 재구성하고, 배경을 이해하는 데 필요하거나 사건의 사이를 메워야 할 내용들은 기존의 다른 연구와 자료들을 참고했다. 따라서 1751년 6월 18일부터 이후 3~4개월에 걸쳐 진행된 사건을 완전하게 복원했다고 말할 수는 없지만, 4개월간 어떠한 과정과 절차들이 진행되었는지는 충분히 짐작 가능할 것으로 생각된다.

차
례

프롤로그

1751년 음력 6월 18일, 한여름 뙤약볕이 한창 무서운 기세를
내뿜고 있었다. 양력으로 환산하면 8월 9일이니, 내리쬐는
뙤약볕에 서 있기도 힘들었을 시기다. 안음현(현 경상남도 함양
군 안의면 일대) 현감 심전沈鋑(자는 중수仲受, 1705~?)은 더위에
나른함까지 밀려오는 오후를 보내고 있었다. 1747년 음력 9
월 27일 안음현감으로 제수[1]되었으니, 벌써 햇수로는 5년을
넘겼다. 지방관의 통상적 임기를 5년으로 보면, 이제 안음현
에서의 생활도 3개월 남짓 남아 있었다. 안음현에 대해 알 만
큼 알고 있고, 지방관으로서의 경험치 역시 매우 능란한 상
태였다. 지금까지 근무하는 동안 "관대하고 공평하게 정치를

펴서, 아홉 번의 인사고과에서 모두 상上을 받을 정도"[2]로 그에 대한 평가도 좋았다. 이번 여름만 잘 보내고 마지막 고과만 잘 받으면 승진이 눈앞에 보일 정도였다. 더위가 정점을 찍고 한풀 꺾이기 시작하는 오후 4~5시쯤, 동헌으로 뛰어들어 온 김태건金太巾과 구운학具云鶴이 아니었다면, 안음현감 심전은 그야말로 일상적이고 평범한 여름 오후를 보냈을 것이다.

어느 여름날 오후의 돌발사건

동헌이 부산해졌다. 무언가 사단이 나도 크게 난 것은 분명했다. 안음현감 심전의 눈에도 김태건과 구운학은 낯선 인물들이 아니었다. 매년 현내 각 고을의 기찰군관들을 선임해 왔는데,[3] 김태건은 고현면 기찰군관이었고 구운학은 북리면*

---

* 여기에서 면面은 현대 읍면동과 같은 크기의 면이 아니라, 당시 현내에 속한 몇몇 마을들을 묶어서 면 단위로 부른 것이다. 위의 《여지도서》〈보유〉편에 실려 있는 안의현(옛 안음현安陰縣)에는 고현면古縣面이 있고, 그 면내에 마을이 10개 정도 있었던 것으로 기록되어 있다. 그런데 여기에서 북리면北里面은 보이지 않고 북상면과 북하

기찰군관이었다. 일반 양민도 아닌 안음현 소속 기찰군관 두 명이 혼비백산한 채 현청으로 뛰어들었으니, 큰일이 발생한 것은 분명했다.

김태건과 구운학의 보고는 충격적이었다. 그들은 기찰군관들의 우두머리인 도기찰都幾察 김한평金漢平, 그리고 도기찰의 수행원인 사후伺候 김동학金東鶴과 함께 고현면과 북리면에서 임무를 수행하고, 그곳에서 출발해서 지대면에 있는 수망령을 넘어 현청으로 복귀하던 중이었다. 그런데 이들 일행이 수망령 끝에 있는 장수사長水寺 뒷길에 이르렀을 즈음 갑자기 도적 10여 명이 나타나 김한평과 김동학을 난타했다는 것이다. 구운학과 김태건은 이들의 위세에 눌려 싸워 보지도 못한 채 도망쳤고, 김한평과 김동학은 목숨을 부지하기 어려울 정도의 상황이 되었을 것이라고 했다.

심전은 당황스러운 마음을 감출 수 없었다. 자기 관내에서 도적 떼가 발생하면 지방관 입장에서는 거의 재앙과 다름

면이 보이는 것으로 보아, 여기에서 면은 북상과 북하 '방면' 정도의 의미였을 것으로 보인다. 북상면에는 13개의 촌이 있었고, 북하면에는 5개의 촌이 있었다. 국사편찬위원회 편, 《여지도서(하)》, 〈보유·경상도안의〉, 983쪽.

없었다. 도적 떼 토벌작전이라도 해야 하면, 이는 안음현감이 처리할 수 있는 권한을 넘을 수밖에 없지만, 그 책임은 모두 관할 지방관이 져야 하기 때문이었다. 그러나 일단은 생사의 갈림길에 처해 있을 김한평과 김동학을 구하는 것이 먼저였다. 목숨을 부지하기 어려울 것 같다는 보고였지만, 아직 생사가 결정된 상황은 아니었기 때문이다. 가능한 한 빨리 이들을 구할 사람들을 모아 현장으로 보내야 했다. 또 도적 10여 명이 떼로 기찰군관들을 공격했을 정도라면, 그 대담함은 필시 다른 범죄로 이어질 가능성이 높았다.

김태건과 구운학의 보고로 우왕좌왕하고 있던 시점에 장수사 승려라고 밝힌 이가 동헌으로 뛰어들어 왔다. 그의 보고는 안음현청의 분위기를 순식간에 얼어붙게 만들었다. 장수사에서 10리쯤 떨어진 곳에 김한평이, 그리고 장수사 아래 골짜기 입구에서 김동학이 죽은 채로 발견되었다는 것이다. 최악이었다. 인명, 그것도 공권력을 상징하는 기찰군관의 생명을 앗아간 사건이 현내에서 발생했다. 승려는 다른 정황은 알지 못한 채, 일단 주검에 대해서만 알리러 온 듯했다.

살인사건 조사를 위한 절차와 조치

기찰군관 두 명이 모두 사망했다는 보고로 구조 조치는 필요 없게 되었다. 사건은 살인사건으로 전환되었다. 그렇다고 일반적인 살인사건은 아니었다. 일반 살인사건을 대할 때도 한 치의 허술함을 용서하지 않던 조선시대인데, 이 사건의 피살자는 공권력을 가진 기찰군관들이다. 게다가 대낮에 도적 떼가 활보하면서 기찰군관들을 죽일 정도라니, 이는 결코 단순하게 대처할 문제가 아니었다.

상황을 어떻게 정리해야 할지 고민하고 있던 안음현감의 눈에 어찌할지 모른 채 대기 중인 김태건과 구운학이 들어왔다. 그런데 이 둘을 보는 순간, 아무리 생각해도 이해되지 않는 의문이 일었다. 김한평은 기찰군관의 우두머리로, 산전수전을 다 겪은 노련한 기찰군관이었다. 게다가 김태건과 구운학도 나름 기찰군관으로 잔뼈가 굵은 사람들이었다. 이들이 설령 실력 없는 기찰군관이라 해도, 10여 명의 도적을 전문적인 기찰군관 4명이 감당하지 못했다는 사실은 쉽게 이해되지 않았다.

더욱이 동료 2명이 도적들에게 죽임을 당했는데, 2명은 이렇게 살아 도망쳐 온 상황이 쉽게 납득되지 않았다. 아무리 김태건과 구운학 입장에서 이해해 보려 했지만, 도기찰과 사후가 도적들에게 난타당하고 있는 상황을 보면서도 이 둘은 도망치기 바빴다는 사실만큼은 변명의 여지가 없어 보였다. 최소한 도기찰과 사후의 죽음을 방기한 책임은 분명히 물어야 했다. 생각이 여기에 미치자 안음현감은 일단 이 둘을 가두라고 명했다.

이제 서둘러 사건 현장으로 출발해야 했다. 살인사건은 아무리 노련한 지방관이라고 해도 녹록지 않은 일이었다. 특히 살인사건 현장을 마주한 채 사건을 수습하고, 시신을 관찰하면서 검시를 진행하는 일들은 대부분의 지방관들이 꺼리는 일 가운데 하나였다. 이 때문에 조선 초에는 현장조사를 하지 않는 지방관들도 많았다.[4] 이렇게 되자 인명을 중시하던 조선 조정은 살인사건만이라도 수령이 직접 조사하게 강제했고, 조선 후기에는 관할 지방관이 직접 가서 조사하는 것이 당연한 일이 되었다.

그러나 아무리 급해도 바늘허리에 실을 매어 바느질할 수는 없는 노릇이었다. 살인사건 조사는 신중에 신중을 기해야 하는 일이니만큼 조선의 살인사건 조사 매뉴얼은 매우 엄격하고도 복잡했다. 신속함만큼 절차적 정당성도 중요했다. 각 절차대로 규정들을 지키기 위해서는 준비하고 고려해야 할 것이 한두 가지가 아니었다. 게다가 사건 현장은 현청에서 멀리 떨어진 곳이어서 현장에서 문제가 발생했을 때 다시 현청으로 돌아와서 문제를 해결할 수도 없었다. 철저한 준비가 필요했다.

초동수사 책임자인 지방관이 준비하고 고려해야 할 일도 만만치 않았다. 현내에 비치되어 있는 〈검시장식檢屍狀式〉에 따라 시신을 검시한 후, 그에 대한 초검관의 판단에 해당하는 〈시장屍帳〉과 살인사건에 대한 초동수사 보고서이자 종합 의견서에 해당하는 〈초검발사初檢跋辭〉(이 두 보고서를 합해 검안 檢案이라고 했다)도 써야 했다. 만약 이 보고서들의 내용이 미진하거나 약간만 의심이 가도 상급기관에서 재조사 명령이 떨어지거나 차사원差使員*이 파견되기 일쑤였다. 그만큼 미리 고려할 것들도 많았고, 그에 따른 준비까지 마쳐야 현장으로 출발할 수 있었다.

* 사건이나 특정한 임무를 수행할 수 있도록 상급기관에서 특정 지정해서 보내는 하급, 또는 지역에 보내는 관리를 말한다.

게다가 검시는 현감 혼자 출발해서 될 문제도 아니었다. 규정된 검시 인원만 해도 적지 않았다. 현청 내에서는 형의 집행을 책임지는 형방과 검시에 특화되어 있는 오작인, 의생, 율관들부터 모아야 했다. 그리고 현청에 소속되지 않은 인물들 가운데 '검시 참여인'(참검인)들도 모아야 했다. 특히 살해당한 김한평과 김동학의 가족이나 친척은 필히 입회시켜야 했다. 해가 지고 있는 상황에서 그들 가족들을 수소문하여 검시에 참여를 시키려고 해도 바로 출발이 가능할지는 미지수였다.

장수사 승려가 두 명의 죽음을 확인해 주었을 무렵 해는 이미 지고 있었다. 게다가 승려의 고변대로라면 현재 김동학의 시신은 안음현청 문에서 북쪽 장수사가 있는 방향으로 약 20리(약 8킬로미터)쯤 떨어진 곳에 있었고, 김한평의 시신이 놓인 곳은 거기에서 다시 10리(약 4킬로미터)를 더 가야 했다. 시신을 검시하고 참관해야 할 사람들이 모두 모이려면 현실적으로 날이 완전하게 어두워진 시간이 되어서야 출발할 것 같았다. 여러 가지를 고심한 끝에 안음현감 심전은 날이 밝기를 기다려 출발하기로 했다.

수사의 출발은 현장에서

6월 19일, 여름의 새벽은 빨리 찾아왔다. 동이 트자마자 안음현감은 출발을 서둘렀다. 더운 여름이기 때문에 시신의 보존 상태를 생각하면 한시도 지체할 수 없었다. 게다가 그 전날 날이 어두워서 현장 보전도 할 수 없던 상황인지라 마음은 급하기만 했다. 전날 미리 검시 참여 인력들에게 연통을 넣어 두었더니 이른 새벽에 모두 현청으로 모여들었다. 인시寅時(새벽 3시~5시 사이) 무렵, 출발 준비가 끝났다. 김한평의 시신이 있는 곳이 사건 발생 현장과 가까웠기 때문에 현청에서는 멀어도 그곳에 먼저 가기로 했다. 근 30여 리를 내처 달려 도착하니 어느덧 날이 밝았다.

그런데 현장에 도착해 보니 벌써 김한평의 시신은 다른 곳으로 옮겨져 있었다. 현장 상황은 남아 있는 핏자국 등을 통해 추정만 할 수 있을 따름이었다. 원래는 반드시 시신이 있는 곳에 말목을 치고 현장을 보존하도록 되어 있는데, 누군가 시신을 현장에 그냥 둘 수 없었던 모양이다. 크게 문제가 될 만한 상황인데, 이에 대한 별도 기록이 없는 것으로 보아 안음현감은 이 상황 자체를 크게 문제 삼지 않은 듯하다.

오작인을 비롯한 검시 담당자들이 검시 준비를 하는 동안 안음현감은 먼저 사건 현장부터 둘러보기로 했다. 장수사 뒤로 나 있는 고갯길이 사건 현장이었다. 북리면에서 현청으로 복귀하기 위해서는 수망령을 넘어야 했는데, 그 수망령을 따라 내려오는 길 중간쯤이 사건 현장이었다. 어지러운 발자국들과 피가 엉겨 붙어 있는 현장을 찾는 것은 그리 어렵지 않았다. 이 사건 현장 바로 아래에는 큰 규모의 사찰인 장수사가 있었다. 사건 현장과 장수사를 둘러본 안음현감은 목격자들을 확보하는 것이 그리 어렵지 않을 거라고 생각했다. 도적 떼 10여 명과 기찰군관 4명이 엉켜 있었다면, 누가 봐도 봤을 터였다.

구운학과 김태건의 보고 내용을 떠올리면서 현장을 둘러보니, 의문점이 눈덩이처럼 점점 커져 갔다. 일단 김한평과 김동학의 시신을 검시한 후, 수사의 방향을 정하기로 했다. 주변인들부터 신문하고, 다양한 정황과 증거들을 조사하여 이들이 죽은 원인을 밝혀 내고, 기찰군관 두 명을 죽인 범인을 잡아야 했다. 조사 후 도적 떼를 토벌하기 위한 군 조직을 가동할지를 결정해야 하는 상황이기도 했다. 안음현감 심전은 이러한 과정들을 머리에 하나하나 새기면서, 사건 수사에 착수했다. 안음현 살인사건 수사는 이렇게 시작되었다.

1
안음현,
기질이 억세고 싸움하기 좋아하는 땅

안음현은 현재 경상남도 함양군 안의면을 중심으로 거창군
에 포함된 일부 지경까지 포함하던 단위 현으로, 규모가 작
은 시골 현이었다. 조선 지리서 가운데 하나인 《신증동국여
지승람》〈안음현〉조에는 "동쪽으로 거창군 경계까지 21리,
서쪽으로 전라도 장수현 경계까지 57리, 남쪽으로 함양군 경
계까지 5리, 북쪽으로는 거창군 경계까지 50리로, 서울과의
거리는 7백 52리"[1]라고 기술되어 있다. 함양군과 거창군 사
이의 현으로, 함양군, 거창군과 더불어 덕유산 자락에 연해

있다. 서쪽으로는 전라도와 직접 경계를 대고 있었으며, 주로 덕유산 문화권에 속했다.

읍격의 부침이 많았던 지역

안음현이 하나의 지역으로 묶이기 시작한 시점은 신라시대 때부터였다. 당시 이 지역은 마리현馬利縣으로 불리다가, 경덕왕 때 이안현利安縣으로 개칭되었다. 이안이라는 이름은 조선시대 안음현 지경과 딱 맞아 떨어지지는 않지만, 현청이 있던 중심 지역이 주로 이안에 속했다. 고려 초에는 감음현感陰縣으로 고쳐 불렸으며, 1018년에는 합주의 속현이 되었다. 감음현에서 1161년 무고사건²이 일어나면서 부곡³으로 강등되는 수모를 겪기도 했다. 그러다가 1390년 다시 현으로 복구된 후 감무⁴가 파견되는 단위 현이 되었지만, 이 과정에서 감음현과 이안현으로 나뉘기도 했다.

《세종실록 지리지》·《신증동국여지승람》·《여지도서》·《안의현읍지》 등 조선시대 지리지와 읍지 등을 살펴보면 이 지역이 안음현이라는 이름을 갖게 된 것은 조선시대 초인 1415

년이다.[5] 감음현과 이안현을 하나의 현으로 합치고 중간에 있는 두 글자를 따서 안음이라는 이름의 현으로 편제되었다. 고현면 등이 있는 북쪽이 주로 감음현 지경이었고, 그 아래 지역이 이안현 지경이었다. 이 책에서 다루고 있는 안음현의 이름과 지경이 정확하게 일치한 것은 이때부터다.

이처럼 안음현은 마리, 이안, 감음 등과 같은 이름으로 불리면서 신라 때부터 부침이 많았다. 이는 행정 개편에 따른 것이기도 했지만, 동시에 지역에서 벌어진 사태로 인해 읍격의 강하가 심했기 때문이기도 하다. 그만큼 지역성도 강하고, 읍의 격을 올렸다 내렸다 할 정도로 사건과 사고가 많이 발생한 곳이다.

안음현의 이 같은 성격 탓에 《동국여지승람》이나 이를 증보한 《신증동국여지승람》에서는 모두 안음현 사람들의 풍속에 대해 "억세고 사나우며 다투고 싸움하기를 좋아한다"[6]라고 평했다. 인접한 함양군을 두고 "풍속이 근신하고 정성스러움을 숭상한다"[7]라고 평한 것과 큰 차이가 있고, 거창군의 풍속에 대해 "습속이 억세고 사납다"[8]라고 정의한 것과 유사하다. 신라시대 이후 읍격이 오르내릴 정도로 사건들이 많았기 때문이기도 하지만, 동시에 산과 바다 지역 사람들에 대한 중앙의 편견도 한몫한 것으로 보인다. 안음현은 늘 크고 작은 사고가 많이 발생하는 지역이었다.

반역의 땅

이 사건이 일어난 해인 1751년 당시 안음현은 '반역의 땅'이었다. 1751년은 영조가 재위한 지 27년 되는 해였는데, 그때까지도 영조는 자신이 왕위에 오른 지 4년 만에 일어난 이인좌의 난에 대해 화를 풀지 않고 있었다. 1728년 이인좌가 거병하여 영조의 정통성에 정면 도전하자 안음현 사람 정희량 鄭希亮(?~1728)도 이에 동조하여 반란에 참여했다. 이들은 영조와 기호 노론 세력들을 제거하고 밀풍군 이탄李坦을 왕으로 옹립하려 했다. 이 일로 영조는 경상도 전체를 역향, 즉 반역의 땅으로 규정했다. 특히 정희량은 인조 연간에 대제학과 이조 참판 등을 지낸 정온鄭蘊(1569~1641)의 4대손으로, 안음현을 대표하는 유력 가문 가운데 하나였다. 이러한 가문이 반란에 동조했다는 사실만으로도 미움을 받기에 충분했는데, 이인좌가 토벌된 이후에도 정희량이 끝까지 저항하자 영조에게 안음현은 용서할 수 없는 땅이 되었다.

이인좌의 난을 진압한 영조가 안음현에 대해 첫 번째로 취한 조치는 안음현을 혁파한 것이었다. 거창군과 가까운 일부 지역은 거창군에 편입시키고, 안음현 대부분 지역을 함양군에 포함시켜 '군'이었던 함양을 '부'로 승격시켰다. 이로써 안음현은 함양부에 속한 작은 고을이 되었고, '안음'이라는 지역 자체는 공중분해되어 버렸다.

이런 연유로 혁파가 된 현들은 일반적으로 5년이면 다시 현으로 복원시켜 주는 것이 상례였다. 역모와 같은 큰 사건에 대한 책임으로 지역을 '혁파'하여 경계심을 주는 것도 중요했지만, 5년이면 그 시한을 종료시켜 행정력의 효율성을 찾도록 하는 것도 중요하기 때문이다. 그러나 안음현에 대한 영조의 노여움은 5년으로도 채 식지 않았다. 안음현이 혁파된 지 8년이 지난 1735년 11월에도 사헌부에서 효율적인 통치와 민간의 폐단을 이유로 복원을 요청했지만 영조는 정희량을 이유로 들어 거부했다.[9]

안음현이 다시 지도에 살아나고 단위 현으로 복원된 것은 그 이듬해인 1736년 1월이다.[10] 이 당시 이성택李聖擇 등이 상소를 올렸고, 좌의정 김재로金在魯(1682~1759)도 안음현이 호

남과 영남을 잇는 지역이어서 반드시 수령이 있어야 한다고 청했다. 그제서야 영조는 마지못해 허락했지만, 이후에도 영조는 정희량의 고향인 안음현을 마뜩잖게 생각했다. 1751년 안음현 살인사건은 안음현이 '현'으로 복원된 지 15년이 지난 시점에 일어났고 이 당시 비록 사도세자가 영조의 명을 받아 대리청정하고 있었지만, 영조로 인해 역향이라는 인식에서 벗어나는 것은 불가능해 보였다. 《신증동국여지승람》에서 "억세고 사나우며 다투고 싸움하기를 좋아한다"라고 하는 습속에 대한 평가는 당시에도 여전히 현재진행형이었다.

영조의 미움은 그 이후 안음현의 이름이 바뀌는 이유가 되기도 했다. 영조는 1767년 안음현을 안의현安義縣으로 바꾸게 했다. 지금도 이 지역을 경상남도 함양군 안의면으로 부르는 연유인데, 안음이 안의가 된 것은 참으로 얼토당토 않은 이유 때문이다. 당시 안음현의 인근인 산음현山陰縣에서 일곱 살 난 여자 아이가 아기를 낳는 괴이한 일이 발생했다. 이 일은 산음현에서 일어났으므로, 안음현과는 아무 관계가 없었다. 그러나 영조는 "안음과 산음은 서로 경계가 접해 있는 데 불과하지만, 전에는 정희량이 생겼고 지금은 음란한 여자가 생겼다"[11]라면서 안음과 산음을 모두 음란한 고장으로 규정했다. 그리고 이렇게 두 고을이 음란한 이유가 지역 이름에 공통적으로 '음陰'이라는 글자가 들어 있기 때문이라고 하면서, 이를 고치라 명했다. 안음현의 입장에서는 옆집에서 튄 불똥으로 집이 타 버린 격이었다. 이로 인해 산음은 산청山淸으로, 안음은 안의安義로 바뀌었다.

안음현은 화림花林이라고도 불렸는데, 그 흔적은 지역 곳곳에서 발견할 수 있다. 이 이름은 안음현이 얼마나 아름다운 곳인지를 알려 주는 말로, '꽃이 핀 숲'처럼 안음현은 물과 계곡이 아름다운 곳이다.

현의 규모는 일반 현의 중간쯤으로, 1789년 조사 당시 안음현의 호구 수는 4,003호에 인구는 16,602명이다.[12] 1823년 조사 당시(추정) 안의현 호구 수는 4,565호에 인구 수는 19,311명이다(《여지도서輿地圖書 하下》〈보유補遺〉편에 실려 있다).[13] 1914년 일제가 군면을 통폐합할 때까지 안의현 내에는 서상면과 서하면, 현내면, 황곡면, 초잠면, 대대면, 대지면, 북상면, 남리면, 동리면, 북하면, 그리고 고현면 등의 마을들이 속해 있었다. 그러다가 군면 통폐합 과정에서 남리면과 동리면은 마리면(현재 읍면 체계의 면)으로, 북하면과 고현면은 위천면(현재 읍면 체계의 면)으로 통합되어 거창군에 속하게 되었고, 나머지 지역들은 안의현을 계승한 안의면 내 마을들로 편제되어, 함양군 안의면이 되었다.

수망령에서 장수사까지

안음현의 현청은 현재 경상남도 함양군 안의면에 있는 안의 초등학교 자리에 있었다. 덕유산 끝자락에 있던 고을로, 금 원산과 기백산 사이로 흘러내리는 용추계곡의 물과 남강천 이 만나는 분지에 터를 잡았다. 현청 주변은 덕유산의 기운 을 잇고 있는 금원산과 기백산, 황석산이 둘러싸고 있다. 현 청 앞으로 남강천이 흐르고 뒤로 황석산이 받치고 있어 따로 읍성을 쌓을 필요가 없었던 듯하다. 그러다 보니 임진왜란이 끝날 무렵 발발한 정유재란 때 왜군에 마지막까지 항거했던 사람들 모두 황석산을 중심으로 활동했고, 그들 대부분이 이 곳에서 생명을 잃었다. 이처럼 현청 뒤에 솟아 있는 황석산 은 안음 사람들의 절의를 상징하는 산이었다.

산을 뒤로하고 앞으로는 하천이 있어서 읍성을 쌓을 필요 가 없는 곳에 현청 자리를 정하면서 그 위치가 현의 아랫쪽으로 치우쳤다. 현의 중앙부에 있던 고현면이 일정 정도 현의 중심지 역할도 한 것 같다. 사창인 고현창도 고현면에 있었고, 장시가 열리는 곳이기도 했다. 고현면은 일정 정도 현청에서 떨어져서 독립적 위치를 가지고 있었을 것으로 추정되는 대목이다. 그리고 이 사건의 또 다른 장소였던 북리면은 고현면에서 더 북쪽에 위치하고 있었다. 특히 이 두 지역과 현청 사이에는 기백산과 금원산이 가로막고 있어서 심리적으로는 더 멀게 느껴지는 지역이었을 것이다. 아마도 이 지역은 안음현 현청에서 직접 기찰하기가 힘들었고, 고현면이나 북리면에 배치된 기찰군관들의 역할이 중요했을 것이다.

기백산과 금원산은 모두 해발 1,000미터를 넘는 산들로, 덕유산의 지세를 잇다 보니 산세가 매우 험하다. 이 때문에 당시 기찰군관들이 현청에서 고현면이나 북리면으로 길을 잡게 되면 기백산과 금원산 사이에 해발 900미터 정도로 약간 낮은 곳에 형성되어 있던 수망령을 넘었을 것으로 추정되며, 이는 북리면에서 현청으로 복귀할 때도 마찬가지였을 것이다. 사건이 일어난 당일에도 기찰군관 4명은 북리면을 출발한 후 수망령을 넘어 용추계곡 옆으로 나 있는 길을 따라 현청으로 복귀하고 있었다.

현청에서 수망령에 오르기 위해서는 옛 현청이 있던 현 안의초등학교에서 용추계곡 길을 따라 약 15킬로미터 정도 올라야 한다. 특히 용추폭포에서 수망령까지 오르는 약 6킬로미터 정도의 길은 가파른 고갯길로, 지금도 콘크리트로 거칠게 포장되어 차가 한 대 겨우 지나갈 수 있을 정도의 임도로 연결되어 있다. 이 길이 비록 좁기는 하지만 승용차로 수망령까지 오를 수 있는데, 임도의 특성상 용추계곡 옆으로 나 있던 옛길을 따라 만들었을 가능성이 높다. 수망령에서 임도를 따라 내려오는 길이 260여 년 전 이들이 걷던 길과 크게 다르지 않을 것으로 추정되는 이유다.

당시 음력 6월 18일 한여름의 날씨로 인해 북리면에서 수망령에 오를 때까지 그들은 더위로 비 오듯 흘러내리는 땀과 턱까지 차오르는 숨을 참기 힘들었을 것이다. 그러나 수망령을 넘어 현청으로 내려가는 길은 그 수고를 모두 씻어 줄 만큼 시원했을 것이다. 4~5킬로미터 정도의 길이라고 해도 내리막이고, 용추계곡의 아름다움으로 인해 눈까지 시원해지는 여정이었을 것이다. 장수사를 약 200~300여 미터 앞둔 지점에 장수사의 말사인 용추암[14]이 자리 잡고 있었다. 그 바로 아래에는 용추계곡의 백미인 용추폭포가 시원한 물소리

를 내뿜고 있다. 여기만 지나면 용추암의 본사인 장수사가
바로 나온다.

현재 장수사 자리에는 장수사 조계문만 남아 있어 그곳이
옛날 장수사 터였다는 사실을 알려 주고 있다. 조계문 뒤로
는 비교적 넓은 터가 그대로 남아 있는데, 그 너비만 보아도
옛 장수사의 성세를 짐작할 수 있다. 장수사는 1,500년 전인
신라 소지왕 9년에 각연조사가 창건한 고찰로 지리산과 덕유
산에 산재한 많은 사찰들을 말사로 거느릴 정도였다. 용추계
곡 주위에만 해도 10개가 넘는 암자를 둔 대찰로 계곡 어디
에서나 염불 소리를 들을 수 있었다고 한다. 해인사에 버금
갈 정도로 규모가 커서 승려만 해도 200여 명이 상주했다고
전해진다. 그러나 1680년에 화재를 당한 이후 두세 번 화재
를 더 입어 그때마다 복원했지만, 결국 1950년 한국전쟁 때
장수사는 물론이고 용추계곡의 암자들까지 대부분 소실되었
고 현재는 용추암만이 용추사가 되어 그 명맥을 잇고 있다.

사건 현장은 대략 장수사와 용추암 주위로 추정된다. 원래
장수사 승려의 보고대로라면 김한평은 장수사 뒤 약 10여 리
떨어진 곳에서 살해되었고, 김동학은 장수사 아래 계곡 입구
에서 시신으로 발견되었다. 그런데 김한평의 시신이 발견된

곳이 장수사에서 10여 리나 떨어졌다면 이는 4킬로미터 정도의 거리인데, 이 정도 거리라면 장수사에서 이들을 발견하는 것 자체가 불가능하다. 용추암과 장수사가 불과 200~300미터 정도 거리인데, 여기에서 4킬로미터를 더 올라간다면 수망령을 2~3킬로미터 정도 앞둔 지역이기 때문이다. 따라서 사건 이후 이들이 김한평과 김동학의 시신을 바로 발견하고 현청에 신고하는 것 자체가 힘들다. 게다가 이후 신문 과정에서 나온 진술을 보면 김태건과 구운학은 용추암과 장수사를 짧은 시간에 왕래했음을 알 수 있는데, 이렇다면 장수사 승려가 보고한 10여 리는 착오이거나 과장이었을 가능성이 크다.

사건은 용추암과 장수사가 있는 500여 미터 반경 내에서 일어났고, 사건 이후 김동학은 장수사를 지나 현청을 향해 계곡 아래까지 가다가 골짜기 입구에서 사망한 것으로 보인다. 김동학과 김한평의 시신 거리는 대략 2~3킬로미터 정도로 추정되며, 장수사 승려가 말한 10리 차이는 아마 이 거리를 가리키는 듯하다. 따라서 사건 현장은 장수사 터에서 용추사 사이, 또는 그보다 조금 더 위로 올라간 곳이고, 대략 장수사 승려들이 바로 현장을 확인할 수 있을 정도의 거리였을 것이다. 현재 나 있는 임도를 만드는 과정에서 길의 형태

왼쪽 위_ 용추사에서 올려다 본 용추계곡
왼쪽 아래_ 용추폭포. 용추사 바로 아래 위치하고 있다.
오른쪽_ 장수사 옛터와 일주문

가 많이 바뀌었기 때문에 정확하게 사건 현장이 어디인지를 확정하는 것은 힘들지만, 이 사건에 직간접적으로 연결될 만큼 장수사나 용추암에서 가까운 곳이 사건 현장이었음은 분명하다.

2
사건 전 상황의 재구성

도기찰 김한평이 사후 김동학과 함께 관아의 명을 받아 고현
면으로 출발한 때는 1751년 음력 6월 15일이다. 고현면 장시
를 기찰하고, 도적 혐의자를 체포할 목적이었다. 고현면 장
시에 도착한 김한평은 그곳 기찰 담당자 김태건을 만났다.
장시에서 혐의자를 체포하기 위해서는 그곳을 지속적으로
기찰해 온 기찰군관과 함께 접근할 수밖에 없기 때문이었다.

기찰_
이념과 현실의 만남

조선시대 한양에서는 포도청이 범죄 예방과 발생에 대한 책임을 졌다면, 지방에서는 수령들이 이 임무의 일정 정도를 맡고 있었다.[1] 유교 이념을 기반으로 성립된 조선에는 범죄 정책에도 독특한 철학이 있었다. 관리를 선발하는 과거시험은 이념적으로 '개인의 도덕적 수양을 바탕으로 타인을 도덕적으로 교화시킬 수 있는 인물'을 뽑는 것이었다. 물론 과거시험의 현실이 이러한 이념을 실현시키는 장이 되지 못한 것은 분명하지만, 조선시대에 과거시험을 통과했다는 것은 수신修身을 완성한 후 치인治人[2]의 자격을 가진 사람에게 주어지는 명예라고 생각했다.[3]

이러한 생각은 그대로 이상적인 지방관의 표상으로도 이어졌다. 좋은 지방관은 자신의 도덕성을 바탕으로 지역을 도덕적으로 교화하는 인물이었다. 이는 공자가 "송사를 심리한다면 나도 다른 이와 같이 결단하겠지만, 나는 반드시 사람들로 하여금 쟁송이 일어나지 않도록 할 것이다"[4]라고 말한 것에서 연유했다. 송사를 통해 백성들을 심판하는 것이 중요한 게 아니라, 백성들을 도덕적으로 교화하여 소송 자체가 필요 없도록 만드는 것이 중요하다는 의미다. 유학은 최소한 이념적으로라도 교화를 통해 범죄가 없는 사회를 꿈꾸었다.

이 때문에 관료에 대한 평가도 범죄가 발생한 후 이를 잘 처리하는 사람보다는 범죄가 일어나지 않도록 교화하는 사람을 더 높게 평가했다. 지방 수령을 평가하는 일곱 가지 항목인 수령칠사守令七事[5]에 들어있는 학교흥學校興(교육을 융성하게 함)이나 간활식奸猾息(토호와 아전들의 간사한 업무 처리를 그치게 하는 것), 사송간詞訟簡(소송을 빠르게 처리함)과 같은 내용도 이와 직간접적으로 연결되어 있다. 어찌되었건 지방관들은 자신의 관할 지역을 범죄가 일어나지 않는 곳으로 만들어야 했다.

그러나 이상은 이상이고, 사람이 살아가는 현실에서 범죄가 없을 수는 없었다. 그러다 보니 지역 수령들은 이념적으로는 교화를 우선시해야 했지만, 범죄 발생을 예방하기 위한 현실적인 방법으로 기찰을 강화했다. 그래서 안음현과 같이 작은 군현에서도 각각의 마을들까지 기찰하는 조직을 만들었다.

그러나 아무리 교화를 통해 지역의 풍속을 도덕적으로 만들려 해도, 도적 떼의 발호를 쉽게 막지는 못했다. 한양에 설치된 포도청은 그야말로 '포도捕盜', 즉 도둑을 잡는 전담 조직이었다. 포도청의 임무는 공간적으로 한양에만 한정되어 있었지만, 도둑이 한양에만 존재했던 것은 아니었다. 이 때문에 도둑만을 전담해서 잡는 군대 조직도 만들었으며, 도둑을 토벌하기 위한 목적으로 토포사討捕使라는 직위를 만들어 전국으로 파견하기도 했다.[6]

기찰군관_
돈으로 산 공권력

그러나 토포사가 파견되었다고 해도, 지역의 범죄 예방을 중앙에서 파견된 사람들이 전담할 수는 없는 일이었다. 지역마다 기찰군관들을 선임하고, 현내 작은 마을 단위까지 기찰해야 했다. 지역에서 기찰군관은 어떠한 신분이며, 어떠한 방식으로 선발되고, 어떻게 조직되어 있는지에 대한 연구가 거의 없어 이들의 실체를 정확하게 정리하기는 어렵다. 다만 대략 1800년대 초에 집필된 것으로 추정되는 경상우병영과

김산군金山郡(지금의 경상북도 김천시 지경)의 기록인 《영총營總》[7]
에서 기찰군관에 대한 간단한 단서 정도가 확인된다.

우선, 형방 관련 업무 기록에 기찰에 관해 "각 면의 기찰
군관은 매년 교체하고"[8]라고 규정되어 있는 것을 볼 수 있다.
기찰군관은 형방 소속으로, 대략 면 단위로 선임했음을 알
수 있다. 면마다 1~2명 정도의 기찰군관들이 선임되었다는
의미다. 이렇게 되면 당연히 형방 소관 내에는 기찰군관들을
관할하는 책임자가 있었을 것이고, 각 면 단위로 기찰군관들
이 선임되었을 것이다. 당시 김산군 내에 예납 대상이 되는
기찰 지역만 15곳이니, 최소 15~20여 명 정도의 기찰군관들
이 있었다고 볼 수 있다.[9] 1800년대 초 안의현(안음현)에는 현
내면과 고현면 등을 비롯한 12개 정도의 면이 있었으므로,[10]
면 단위 1명씩 기찰군관이 선임되었다고 해도 최소 10~15명
정도의 기찰 조직이 운영되었을 것이다.

《영총》에 따르면 김산군 소속 기찰군관들은 매년 교체를
원칙으로 했다. 기찰은 항시적 신분이 아니라, 매년 선임되
는 방식인 듯하다. 특히 해마다 예납例納, 다시 말하면 기찰
군관이 되는 조건으로 일정 정도의 대가를 군郡에 납부해야
했다. 김산군의 경우 군청 지역을 담당한 기찰은 5냥에 백지

2속을 가을에 내도록 했고, 각 면 단위에서 받은 금액은 적게 는 5전에서 많게는 2냥 5전까지 천차만별이었다.[11] 지역의 현실에 따라 관행적으로 예납이 이루어졌을 가능성이 높은 대목이다.

그런데 돈을 내고 기찰군관이 된다는 것은 선뜻 이해하기 어렵다. 김산군의 예납 관련 기록은 두 가지 경우를 상정할 수 있다. 하나는 직접 기찰업무를 수행하는 기찰군관이 아니 라 군역을 지는 방법의 하나로 실제 복무하는 기찰군관들의 활동비용을 대는 사람들에 대한 규정일 수 있다.[12] 또 다른 경우는 예납을 하고 자기 기찰 구역에서 일정 정도의 수입을 거두는 사람들일 수 있다. 곧 치안을 담당하면서 담당 지역 에서 수입을 얻는 방식으로 생계를 유지하도록 했던 것이다. 이러한 관점에서 보면, 이들을 매년 교체했다는 것은 사람을 바꾸기보다는 매년 예납을 받고 기찰군관들을 임명했다는 의미로 이해할 수 있다.

안음현의 경우 구운학이나 김태건이 직접 기찰하고 있었 으므로, 이들은 기찰군관으로서 자기 생계를 유지하는 경우 였을 것이다. 고현면 기찰 김태건의 경우에는 주로 장시를 기찰하면서 상인들로부터 일정 정도 상납을 받고 시장의 치안을 유지했을 수도 있다. 또한 북리면 기찰 구운학의 경우에는 그 지역에 유황점이 있는 것으로 보아, 유황광산이나 유황 판매상들을 도둑들로부터 보호하면서 생계를 유지했을 수도 있다. 적어도 구운학과 김태건은 자신의 지역에서 이렇게 잔뼈가 굵었을 것이다.

놓쳐 버린 기찰 대상자

지역 기찰군관들이 가장 중요하게 기찰한 대상은 주로 지역 공동체 사이를 오가는 낯선 이들이었다. 이 때문에 조선 후기가 되면 기찰군관들이 가장 신경을 쓴 곳 가운데 하나가 바로 장시場市다. 장시는 일반인을 대상으로 상품을 사고팔던 정기시장으로, 지금도 지역에서 간혹 볼 수 있는 오일장이 그 흔적이다.

조선 후기에 상업이 발달하면서 장시가 활성화되었다.[13] 하다못해 소금이나 생선 한 마리를 구하려고 해도 유통망은 필수였다. 장시는 5일 단위로, 30~40여 리 거리를 두고 지역 거점을 따라 옮겨 가면서 열렸다. 상인들과 각 지역의 소비자들이 서로 물건을 매매할 수 있는 날을 약속하고, 그 약속된 날에 모이는 방식으로 거래가 형성되었던 곳이 바로 장시였다.

장시가 열리는 날이면 상인들뿐만 아니라, 여러 사람들이 많이 모이다 보니 자연스럽게 먹거리를 파는 객주나 여관, 그리고 곡식 되질 전문가 등이 모여들었다. 보부상을 비롯한 낯선 이들도 심심찮게 장시에 모습을 드러냈고, 그 고을 사정과 사람들이 살아 가는 모습을 살필 수 있어서 장시에서는 자연스럽게 정보도 교환되고 여론도 형성되었다.

사람이 많이 모이면 사람 간에 분쟁이 있을 수밖에 없고, 타인의 재물을 훔치거나 행패를 부리는 사람이 나오기도 했다. 또한 양반이나 한량을 가장하여 행패를 부리는 사람도 있었고, 싸움이나 음주 등으로 인한 구타사고도 빈번하게 발생했다. 19세기 초반에 쓰인 지방관들의 지침서 《목강牧綱》[14]에서도 장시를 가장 신경 써서 살펴야 할 곳으로 적시해 놓았다. 고현면 기찰 김태건 역시 장이 열리는 날이면 장시 기찰이 그날 하루의 중요한 업무였을 것이다.

당시 고현면에는 고현창古縣倉이 있었다. 안음현 내에서 현의 동쪽 15리쯤에 있던 동창東倉과 현의 서쪽 10리에 있는

안음현의 옛지도

* 국립중앙도서관 엮음, 《국립중앙도서관 고문헌 연구총서 7-고지도를 통해 본 경상 지명연구 (I)》, 국립중앙도서관, 2017, 72쪽, 지도. 국립중앙도서관에 소장된 《여지도》 6책 가운데 4책에 소장된 경상도 전도 1장과 고을 지도 30장 가운데 수록된 안음현 지도.

옥산창玉山倉과 더불어 3개밖에 없는 사창*이었다.[15] 게다가 고현면에는 장시가 정기적으로 열렸는데, 이 장시도 현청에서 열리는 장시와 서북쪽 도천장道川場과 더불어 안음현 내에서 3군데밖에 열리지 않는 장시 가운데 하나였다.[16] 사창과 장시가 고현면에 모두 있다는 사실은 고현면이 안음현의 중심지 역할을 했거나 중심지였다는 의미다. 외부인의 유입이 많아 기찰군관으로서의 역할도 중요했고, 더불어 기찰군관들이 생계를 유지하기에 적절한 정도의 경제력도 가지고 있었다. 게다가 안음현청이 남쪽으로 치우쳐 있던 탓에 당시 이곳을 기찰하고 치안을 유지하던 김태건의 역할은 중요했을 것이다.

도기찰 김한평은 김태건으로부터 장시를 중심으로 한 지역 기찰의 동향을 보고받았을 것이다. 이날 김한평이 고현면으로 출동한 것은 김태건과 함께 혐의자 명을석明乙石을 체포하기 위해서였다. 명을석은 어느 집안의 노비였을 것으로 추정되는데 그의 혐의는 기록이 없어 정확지는 않지만, 기찰군관들의 주요 업무가 도둑을 잡는 것이었다는 점을 감안하

---

* 조선시대 향촌 자체에서 지역 백성들을 구휼하기 위해 세운 일종의 곡물 대여기관.

면, 명을석도 그와 관련된 혐의자였을 것이다.

그런데 막상 명을석을 잡으려고 했을 때 하필 그는 자신의 상전을 따라 출타한 상태였고, 도기찰 김한평과 그를 보좌하던 사후 김동학까지 동원된 체포 작전은 결국 허탕칠 수밖에 없었다. 기찰하던 대상의 행방을 놓쳤으니 김태건으로서는 면목이 서지 않았다. 그렇다고 명을석이 언제 돌아올지 알수 없는 상태에서 무작정 기다릴 수도 없는 노릇이었다. 돌아오면 체포하기로 마음먹고 발걸음을 돌려야 했지만, 김태건으로서는 부담스러운 상황이었다.

김해창을 놓치다

김한평 입장에서는 관령官令까지 받아서 출동한지라, 빈손으로 돌아갈 수는 없었다. 그래서 김태건을 데리고 북리면*으로 방향을 잡았다. 북리면도 안음현의 중요한 기찰 대상 지

---

* 지도에는 북리면이 존재하지는 않는다. 다만 유항점 주위인 점을 보면, 이 지역은 북상면과 북하면 지역으로, 이 두 지역 전체를 합쳐서 '북리'로 불렸던 듯하다.

역이었다. 유황점, 즉 유황을 채취하는 광산이 있는 지역이기 때문이었다. 당시 안음현에서 농사 외에 중요한 경제적 거점을 형성할 수 있던 지역이라고 해 봐야 북리면 유황점과 장시가 형성되었던 고현면, 현청 소재지, 그리고 장수사 아래에 있던 유점鍮店 정도였을 것이다. 특히 북리면은 유황점이 있어 예납을 바치고 그 지역 수비와 치안을 담당하던 별장別將까지 근무했을 것으로 추정되는 지역이다.[17]

김태건은 김한평을 따라 북리면으로 갔지만 그의 입장에서는 자기 기찰 구역을 벗어나는 것이 불만스러울 수도 있었다. 하지만 자신이 기찰하던 혐의자를 잡지 못한 것에 대한 부담도 있던 터라 김한평과 동행할 수밖에 없었을 것이다. 북리면에는 그곳 기찰을 담당하던 구운학이 있었다. 16일 북리면에 도착한 이들은 구운학을 만나 영취사靈鷲寺[18]에서 하룻밤을 묵었다.

그다음 날인 음력 6월 17일, 이 기찰군관 네 명은 북리면에 있는 황점촌黃店村*에 도착했다. 구운학이 기찰하던 혐의자 김해창을 잡기 위해서였는데, 기회를 살피던 중 해 질 무렵

---

* 황점촌은 유황점이 있던 지역 마을로 보인다.

그를 체포하는 데 성공하게 된다. 그가 도둑으로 이름이 높았다는 기록으로 보아 도둑 혐의로 체포된 것 같다. 김한평은 고현면에서 명을석을 잡지 못한 일이 내내 마음에 걸렸는데, 그나마 북리면에 와서 김해창이라도 잡으니 다행스러웠다.

그런데 문제가 발생했다. 기도장議都將이 있는 곳에서 북리면 도장都將*을 만나 김해창을 인계하면 이 일은 일단락될 예정이었는데, 김해창이 도망쳐 버린 것이다. 그런데 이 도망 과정이 이상했다. 이후 신문 과정에서 드러난 전말을 보면 누군가 뇌물을 받고 그를 풀어 주었다는 것이다. 김한평이 직접 뇌물을 받았다는 진술도 있고, 구운학이나 김태건이 거기에 개입했다는 진술도 있어 정확한 상황에 대한 조사는 필요했지만, 어찌되었건 진술이 모이는 지점은 뇌물이 오간 사실이다. 특히 진술자들의 진술 전체를 종합해 보면 뇌물이

---

* 관련 기록이나 연구가 없어 기도장이나 북리면 도장이 정확히 누구를 지칭하는지 확인하기가 어렵다. 다만, 관련 내용을 중심으로 추론해 보면 다음 둘 중 하나가 아니었을까 추정된다. 첫째는, 북리면 지역은 유황점이 있던 곳이었기 때문에 그곳에는 무급직으로 별장직을 받아 지역의 치안과 수비를 담당했던 사람들이 있었을 것으로 추정되는데, 도장은 그들을 지칭하는 말이 아닐까 싶다. 둘째는, 토포의 임무를 띠고 북리면까지 내려와 지역을 관할하던 장교를 의미할 수도 있다.

김한평의 사후 김동학에게까지 건네진 것으로 보인다.

김해창이 도망치자 김한평은 당혹감을 감추지 못했다. 속마음이야 알 수 없지만 적어도 겉으로는 그랬다. 다 잡은 혐의자를 놓쳐 버렸으니, 이 일을 지휘하고 있던 김한평 입장에서는 입이 열 개라도 할 말이 없는 상황이었다. 관령을 받아 나온 출장길이 다시 빈손이 되어 버렸기 때문이다.

다음날인 18일 아침, 김한평은 김태건과 구운학에게 현청으로 동행할 것을 요청했다. 고현면에서는 명을석을 잡지 못했고, 북리면에서는 잡은 용의자마저 놓쳤으니, 함께 현청으로 들어가서 그렇게 된 연유를 설명하자는 것이었다. 김한평으로서는 혼자 이 모든 책임을 감당하기에 힘이 부쳤을 수도 있다. 그런데 이러한 상황은 김태건과 구운학 입장에서도 부담스러울 수밖에 없었다. 책임을 나누어 져야 한다는 사실 자체만으로도 불편할 수밖에 없는데, 뇌물 건까지 있어 최악의 경우에는 김한평이 뇌물만 받고 책임의 소재를 자신들에게 전가하려는 것으로 느낄 수도 있었다. 그렇지만 상관의 명인데다 자신들이 기찰하던 곳에서 빈손으로 돌아가야 하는 일이 발생했으니 따르지 않을 수도 없었다. 불편한 동행이었다.

김해창 도주에 대한 엇갈리는 진술

시간의 흐름으로 보면, 7장 〈두 번째 피의자 신문〉에서 다루어질 내용인데 사건 정황을 이해하기 위해서는 김해창(40세)의 도망 과정부터 먼저 짚고 넘어갈 필요가 있다.

김해창이 도망친 것은 앞에서 본 것처럼 그가 북리면 도장에게 인계되는 과정에서였다. 살인사건 조사 과정에서 다시 체포된 김해창은 안음현으로 압송되었다. 안음현감의 두 번째 피의자 신문에서 그는 자신이 스스로 도망친 게 아니라, 누군가 풀어 준 것이라고 진술했고, 그 진술의 신빙성을 확보하기 위해 그의 이종칠촌 숙부 박상봉까지 소환했다.

우선 김태건·구운학, 그리고 김해창과 그의 친척 박상봉은 김해창의 도망에 뇌물이 오갔다고 똑같이 진술했다. 그들의 진술에 따르면, 6월 17일 김해창이 기찰 일행에게 체포되어, 북리면 도장에게 인계된 것까지는 분명한 사실이다. 그런데 구운학은 '도기찰이 김해창을 잡아 북리면 기찰인 자신에게 인계한 것이 아니라, 북리면 도장에게 인계했다'고 하면서, 인계 과정에 자신이 관여하지 않았다고 주장했다.

뇌물에 대한 진술은 여기에서 나왔다. 구운학은 당시 상황에 대해 "김해창은 김동학에게 1냥 5전의 뇌물을 준 후에 그대로 도망하여 피했습니다"라고 진술했다. 김해창이 직접 김한평과 김동학에게 1냥 5전의 뇌물을 건넸고, 이로써 김해창이 도망칠 수 있었다는 주장이다. 그러면서 구운학은 김태건의 연루 가능성에 대해 "기미를 대략 압니다"라고 진술했다. 이 말은 김태건 역시 뇌물의 정황을 짐작했지만, 그 자리에 있지는 않았다는 의미로 읽힌다. 김해창이 김동학에게 뇌물을 건넨 것이고, 구운학 자신과 김태건은 그 자리에 없었다는 주장이었다.

그런데 김해창과 박상봉의 진술은 이와 완전히 달랐다. 김해창은 북리면 도장에게 억울하게 잡혀 왔다고 하소연했고, 이로써 풀려날 수 있었다고 진술했다. 그런데 기록이 없어 풀어 준 사람이 북리면 도장인지 아니면 김한평인지는 확인할 수 없다. 이 점을 확인하기 위해서는 북리면 도장만 호출하면 되었을 텐데, 어찌된 일인지 안음현감은 북리면 도장을 부르지 않았다. 안음현감 입장에서 뇌물 문제에 좀 더 천착했거나 아니면 그를 부르지 말아야 할 또 다른 이유가 있었던 것 같다.[19]

김해창의 계속된 진술에 따르면 자신이 도망을 치자, 김태건과 구운학이 자신의 이종칠촌 숙부인 박상봉을 찾아가 공갈과 협박을 했고, 박상봉이 결국 김동학에게 뇌물로 1냥 5전의 돈을 주었다고 했다. 박상봉이 불려 나왔다. 박상봉의 진술도 김해창의 그것과 크게 다르지 않았다. 17일 조카 김 해창이 도기찰 일행에게 체포되었다가 갑자기 석방된 이후 김태건과 구운학이 함께 자신을 찾아 와서 결박까지 하고 관 아에 고발하겠다고 위협했다는 것이다. 박상봉은 그 고통을 이길 수 없어서 뇌물 1냥 5전을 김동학에게 전달했다고 진술 했다. 김해창과 박상봉의 진술에 따르면 협박자는 김태건과 구운학이고, 뇌물은 김한평과 김동학이 받았다. 당연히 김한 평과 김동학도 그 자리에 있었다는 의미가 된다.

과정이야 어떠했든, 구운학과 김해창 그리고 박상봉의 진 술이 일치하는 지점은 뇌물 1냥 5전이 김한평과 김동학에게 까지 전달되었다는 점이다. 그런데 전달 과정에 대해서는 진 술이 엇갈렸다. 구운학은 김해창이 김동학에게 주었다고 진 술했고, 박상봉은 자신이 직접 김동학에게 건넸다고 주장했 고 김해창도 여기에 동조했다. 김동학에게 뇌물이 전달된 것 은 분명해 보이는데, 뇌물이 오간 장소에 구운학과 김태건이 있었는지 여부도 양쪽 주장이 달랐다. 구운학은 자신이 거기에 관여하지 않았다고 함으로써 뇌물과의 관련성을 부정하려 했지만, 김해창과 박상봉의 진술에 따르면 협박의 주체가 바로 김태건과 구운학이었다.

안음현감 입장에서는 아무래도 박상봉의 진술에 신뢰가 갈 수밖에 없었다. 살인사건과 뇌물 수수에 직접 관계되어 있는 구운학의 진술보다는 도둑 혐의에 빠진 조카를 비호하는 박상봉의 진술이 그나마 좀 더 객관적일 터였다. 게다가 구운학은 '기미'라는 말로 자신이 그 자리에 관여되어 있지 않다는 점을 강조함으로써 실제로 본 것은 아니라는 뉘앙스로 진술한 데 비해, 박상봉은 자신이 직접 감동학에게 돈을 건넸다고 진술했다. 구운학과 김태건이 그 자리에 있었다는 사실을 목격했다는 의미다. 안음현감은 박상봉의 진술을 기반으로 뇌물을 주는 과정에 기찰군관 4명이 모두 관계된 것으로 판단할 수밖에 없었을 것이다. 김해창과 박상봉에게 뇌물을 강요한 주범은 김한평이고, 김태건과 구운학은 그의 지시를 받아 박상봉을 협박했으며, 뇌물 1냥 5전이 김동학의 수중에 보관되어 있었다고 정리한 것 같다.

뇌물 1냥 5전

뇌물이 오갔다는 사실과 그 뇌물이 김한평의 수행원인 김동학의 수중에 있던 것은 분명한데, 그것을 어떻게 받았는지, 그리고 누가 주도했는지에 대해서는 진술이 달랐다. 김태건과 구운학은 자신들이 뇌물에 연관되어 있다는 사실을 부정하려 했고, 김해창과 박상봉은 김해창의 도망이 뇌물로 인한 것이 아니라는 사실을 강조하려 했기 때문이다.

그런데 안음현감 심전은 살인사건과는 직접 관련이 적은 김해창과 박상봉까지 불러 신문하면서도, 돈의 행방보다는 기찰군관들 사이에 흐르고 있었을 내부 문제에 집중했다. 이는 아마 김동학의 시신을 검시하는 과정에서 김동학에게 돈이 있는 것을 확인했기 때문에 진술의 적절성을 따질 필요가 없었기 때문일 수도 있고, 김태건과 구운학을 신문하다 보니 이 둘에 대한 의심이 커지면서 박상봉의 진술을 근거가 있는 것으로 받아들였기 때문일 수도 있다. 어찌되었건 안음현감은 1냥 5전의 뇌물이 김동학에게 있었다는 사실을 전제로 그들이 가졌을 생각에 집중했다.

앞에서 잠깐 본 것처럼 이들이 안음현 현청으로 돌아오는

길은 모두 불편한 상황이었을 것이다. 진술로 드러난 것만
보면, 기찰군관 4명이 도적을 잡지 못한 채 빈손으로 복귀하
고 있었기 때문이다. 도기찰은 관령을 받아 3일간 고현면과
북리면에 다녀왔지만, 아무 성과도 얻지 못했다. 북리면과
고현면 기찰들은 도기찰이 스스로 책임지면 될 일에 자신들
까지 끌어들인 상황으로 여겨, 불만도 있었을 것이다. 뇌물
마저 김동학에게 있었으니, 둘은 이 불편한 상황의 근본적
원인을 도기찰에게 돌렸을 수도 있다. 김태건과 구운학의
의심대로라면, 이 상황은 도기찰이 뇌물을 받고 김해창을
풀어 준 후 그 책임은 기찰군관 모두 나누어 지게 하려는 것
이었다.

결국 김동학 수중에 있던 뇌물에 대한 합의 여부는 이들이
그나마 불편한 동행을 용인하는 이유도 될 수 있었고, 극한
대립의 원인이 될 수도 있었다. 며칠간의 고생, 그리고 도적
혐의자를 놓친 책임을 함께 나누어 져야 하는 상황에서, 뇌
물을 분배하기로 합의했다면 이들은 운명 공동체가 되어 수
망령을 수월하게 넘을 수 있었다. 그러나 만약 뇌물에 대한
분배 합의 없이 도기찰과 사후가 이 뇌물을 독식하려 한 것
으로 비쳤다면, 김태건과 구운학의 불만은 극에 달했을 수도

있다. 특히 이들이 예납까지 내면서 기찰군관 자리를 유지하던 사람들이라면, 이 돈은 그들의 생계수단일 수도 있었다.

당시 1냥 5전은 결코 작은 돈이 아니었다. 영조 때를 기준으로 보통 건장한 노비 한 명의 거래 대금이 5~20냥 정도였고, 한양의 좋은 기와집 한 채가 대략 150냥 정도였다.[20] 《영총》의 기록에 따르면 김산군(현재 경북 김천시) 소속 포군들의 한 달 월봉이 3냥 정도였다.[21] 《영총》이 대략 이 사건으로부터 60~70년 뒤의 기록이니, 물가상승 등을 고려하면 사건 당시 이 금액은 포군들 한 달 정도의 월봉에 해당하는 돈으로 추산된다.

지금의 경제 사정과 이 당시 경제 사정을 단순 비교하는 게 불가능하지만, 현재 경제수준에서 최소 백만 원 이상의 가치는 가진 금액으로 추정된다. 뇌물로는 적지 않은 돈이고, 4명이 나누어도 며칠간의 고생에 대한 보상으로는 결코 적지 않았다. 충분히 분쟁이 발생할 정도 금액이고, 그 돈 전체를 탐하고 싶을 만큼의 동기로 작용할 수도 있었다. 만약 어떤 이유로 도적들이 이를 알았다면, 그들도 욕심낼 만한 돈이었다.

김한평과 김동학의 죽음은 이 네 사람이 안음현으로 돌아오던 와중에 일어났다. 18일 아침, 수망령을 넘어 돌아오는 길에 수망령 끝자락에 있던 장수사 뒷길에서 '도적 10명이 도기찰과 사후를 급습했고', 이 둘은 사망했다. 사건 발생 시점은 대략 오후 2시에서 3시 사이로 추정된다. 이후 김태건과 구운학은 도망을 쳐서 현청에 고했고, 오후 3시에서 5시 사이 장수사 승려들이 김한평과 김동학의 죽음을 확인함으로써, 살인사건으로 전환되었다. 이제 그 정황과 진상 그리고 검시 등을 통해 피살자들이 죽은 실인實因을 밝혀 내고, 범인이 누군지를 특정해서 이를 체포하고 범죄에 합당한 처벌을 내려야 했다.

3
검시 원칙과 과정

6월 19일 새벽, 검시를 위해 사건 현장을 향해 길을 재촉한 안음현감과 참검인들이 김한평의 '시신이 보관되어 있는 곳[停屍處]'에 도착한 때는 날이 밝을 즈음이었을 것이다. 현청의 북문에서 대략 30여 리, 즉 12킬로미터에 이르는 길이었으니, 빨라도 2~3시간 정도는 걸렸을 터이다.[1] 새벽 3~5시 사이에 출발했으니, 그나마 따가운 햇살은 피해서 현장에 도착할 수 있었다. 기분 탓이었는지, 아침부터 후덥지근한 날씨는 검시에 참여한 사람들의 마음을 더욱 무겁게 했다.

검시의 시작과 시친

김한평의 시신이 있는 곳에 도착하자, 때마침 김한평과 김동학의 친척들도 사건 현장에 달려왔다. 검시는 살해당한 사람의 억울함을 풀어 주기 위한 과정이기 때문에, 억울한 이를 대변할 수 있는 사람의 참여는 필수였다. 시친屍親, 즉 피살자의 가족이나 친지가 반드시 검시에 참여해야 했다.[2] 시친들은 검시에 대한 거부권 행사도 가능하기 때문에 시친들이 오지 않으면 검시를 시작할 수도 없었다. 만약 시친들이 참여하지 않았는데도 부득이 검시해야 한다면, 모든 참검인들이 그 상황을 인지하고 불가피한 검시라는 사실에 동의해야 가능했다.

안음현감은 본격적인 검시에 앞서 시친들에게서 기본적인 내용과 사건 관련 정황, 그리고 피살자의 몸에 난 기존 상처 등을 확인해야 했다. 우선 호패를 받아 보고 이들의 신원을 확인했다. 김한평의 동생 김한재(□세)와 김동학의 친척 김수원(□세)*이다. 참고인 조사 수준이지만, 형률에 따른 신문

---

* 이들의 나이는 확인을 하지 못한 듯하다. 이 때문에 원문에도 '年' 앞에 기록되어야

이었기 때문에 안음현감 심전은 엄숙하게 물었다.[3]

너희들의 일족 김한평 등이 도적을 체포하는 일로 고현면
과 북리면, 동면 이 세 곳의 면에 나갔다가 돌아오는 길에
지대면 수망령 아래에 도착한 후 도적들에 의해 살해되었
다. 혹 그 피해 사실과 정황들을 너희들이 들어서 알고 있
으면 말하고, 또 죽은 사람들이 살아 있을 때 몸 위에 칼
자국이나 뜸뜬 자국 등의 상처가 있었는지 등에 대해서도
아는 대로 사실에 따라 고하라.

가족을 잃고 큰 슬픔에 빠져 있을 사람들이기 때문에, 안
음현감은 사건의 대강을 알려 주었다. 그리고 가족들이나 친
척들이 사건 관련 기미나 단서들을 미리 알고 있었는지 확인
했다. 더불어 검시의 정확성을 높이기 위해 몸에 있는 상처
나 지병 등에 대해 파악해야 했다. 어혈이 있거나 지병이 있
었다면, 작은 충격에도 목숨을 잃을 수 있기 때문이다. 또한
검시는 주로 관찰을 통해 이루어지기 때문에 기존 상처가 있

할 나이가 빠져 있다.

다면, 그것을 확인하는 것도 중요했다. 그러나 이들의 진술은 큰 도움이 되지 않았다. 김한재는 다음과 같이 답변했다.

김한평은 저의 형입니다. 도기찰로 관아의 명을 받아 고현면과 북리면, 동면, 이 세 곳의 면에 나간다는 이야기만 들었을 뿐, 피해의 이유와 내용은 전혀 알지 못합니다. 형은 평시에 상처라고는 복부 왼쪽에 풍담(풍증으로 생기는 담)으로 인한 종기를 앓은 흔적 외에 별다른 칼자국이나 뜯뜬 자국은 없습니다.

김동학의 친척 김수원의 답변도 마찬가지였다.

저의 오촌 조카 김동학은 도기찰 김한평과 같은 성을 가진 육촌 간입니다. 사후 직책으로 도기찰을 따라간다는 이야기는 저도 들었지만, 돌아오는 길에 일어난 피해의 이유와 내용은 전혀 알지 못합니다. 또 동학이 살아 있을 때 몸에 어떤 상처가 있는지도 자세히 알지 못합니다. 조사하여 처리해 주시기 바랍니다.

친척들도 사건이 일어날 만한 전조에 대해서는 전혀 알지 못했다. 다만 살해당한 김한평과 김동학이 무슨 일로 파견되었는지, 그리고 무슨 일을 하는지 정도는 알고 있었다. 김한평과 김동학이 육촌 형제라는 사실을 확인한 것이 소득이라면 소득이었다. 두 사람이 단순하게 업무적으로만 엮인 관계가 아니었다는 말인데, 그렇다면 친척인 이 두 사람이 살해된 것도 우연이 아닐 수 있었다. 그러나 당시 기찰군관을 비롯해서 도기찰을 보좌하는 사후는 대체로 동일 신분, 그리고 혈족 내에서 뽑는 경우가 많았기 때문에 그리 특별한 일은 아니었을 것이다. 안음현감 심전도 이 정도 선에서 참검인 신문을 끝냈다.

참검인_
전문성과 객관성의 조합

검시는 예나 지금이나 억울하게 죽은 사람의 주검이 말하는 것을 듣는 일이다. 이 때문에 주검의 소리를 객관적으로 잘 들을 수 있는 사람들이 필요했다. 시친의 자격으로 검시에 참여한 김한재와 김수원 외에 호장[*] 하용래(37세), 기관 이시무(43세), 장교^{**} 유응준(20세), 의생^{***} 최치홍(20세), 형방^{****} 정홍집(26세), 오작 양인 하순걸(40세), 절린^{*****} 정귀봉(50세), 권농^{******} 변옥경(50세) 등이 참검인으로 참여했다.[4]

참검인들의 구성을 통해 확인할 수 있듯, 조선의 검시는 '주검의 소리를 들을 수 있는 사람들'과 '검시가 객관적으로 이루어졌음을 증명할 수 있는 사람들'이 함께 참여해야 했다.

---

* 향리들 가운데 수석 향리. 지역 군현에서의 향리 역시 중앙정부의 6조 체계에 대응해 6명의 향리를 두고 있으며, 그와 더불어 이들 향리 전체를 총괄하는 수석 향리인 호장과 기록 업무를 맡은 기관記官이 있었다. 지방 군현에서 핵심 아전은 호장과 기관, 또는 이방, 그리고 장교(또는 형방)였다.

** 각 지방 군영에 소속된 군관으로, 조선 중기 이후 군사 관계 업무뿐만 아니라 도적을 토벌하고 체포하는 임무를 담당했다.

*** 의학적 식견을 갖춘 사람이지만, 현재처럼 주도적인 검시관이 아니라 주로 의학 관련 조언자 역할이었다.

**** 살인사건의 경우 형방의 소관 사항이었으며, 죽은 기찰군관들 역시 형방 소속이었기 때문에 형방이 참검인으로 참여했다.

***** 절린切隣은 말 그대로 '가까운 이웃'으로, 검시할 때 참검인으로 피살자의 가까운 이웃을 반드시 참여시켰다. 이는 시친과 더불어 검시의 객관성을 확보하기 위한 조치였다.

****** 권농勸農은 말 그대로 '농사를 장려하는 사람'이라는 의미로, 지방의 면이나 지역에 소속되어 농사를 장려하던 유사다. 이들은 주로 지역, 또는 민간을 대표해서 검시에 참여했다.

조선시대 검시에서도 전문성과 객관성은 비껴갈 수 없는 황금률이었다. 이 가운데 검시의 객관성을 대변하는 가장 중요한 인물들이 바로 시친들이었다. 또한 피살자들의 입장을 대변할 수 있는 그들의 이웃인 절린과 민간 영역 대표인 권농이 참가했는데, 이날은 정귀봉과 변옥경이 그 역할을 수행했다.

이와 더불어 검시 전문가의 참여가 필수적이다. 수령을 보좌하는 호장이나 기관, 장교, 형방과 같은 아전들은 수령이 수사 책임자이기 때문에 수사진의 일원으로 참여했다. 수령이 지휘하고 있는 사건의 수사와 용의자 체포 및 압송, 사건의 기록 등이 이들의 일이었다. 그리고 검시 전문인들로는 의생과 율관, 오작인 등이 있었다.

그런데 이 가운데 정말 중요한 사람은 오작인이었다. 의생이나 율관이 의료지식과 법률지식으로 보좌했다면, 오작인은 직접 시신을 만지면서 검시를 진행하는 일을 맡았다.[5] 원칙적으로 검시는 지방관의 일이었지만, 지방관이 직접 시신을 닦고 상처 크기를 재며 사망 원인을 찾을 수는 없었다. 수령의 손과 발이 되어 줄 사람이 필요했는데, 그들이 바로 오작인이었다. 시신을 직접 만지고 시신을 매장하는 등 일반인들이 기피하는 일을 맡아서 하다 보니 오작인은 검시에서 가장 중요한 인물들이었지만 신분은 대부분 천인들이었다.

이 때문에 특별하게 오작인을 전문인으로 키우는 과정이나 자격 같은 것이 갖추어져 있지는 않았던 듯하다. 사건이많이 발생하는 관아에서는 관아에 소속된 오작인을 두고 있는데,《증수무원록》에 따르면 이들은 감옥을 지키는 쇄장鎖匠과 같은 부류로 취급되었다. 다시 말해 관청에 소속된 아전이나 관노들 가운데 가장 낮은 사람이 감옥을 지키기도 하고,살인사건이 나면 오작인 역할도 했던 것으로 보인다. 물론 이러한 일들을 많이 하다 보면, 일정 정도 전문성을 획득한 사람들이 나올 수 있었을 것이다. 이 때문에 조선 후기가 되면말단이지만 관직의 형태를 갖춘 오작사령이 등장하기도 했다. 그러나 지역에서는 관노 가운데 시신을 옮기거나 염을 해주는 일을 맡은 사람이 하거나, 그렇지 않으면 지역에서 천한일을 하는 사람들에게 자연스럽게 그 일이 맡겨진 것으로 보인다. 이 때문에 요령 없는 오작인들의 보고로 인해 검시 보고서가 엉망으로 되는 경우도 종종 있을 정도였다.[6]

당시 안음현에서 오작인 역할을 한 사람은 하순걸로, 어떤 경로로 참여하게 되었는지 확인할 수 없지만, 그의 신분은 관청에 소속된 관노나 천인은 아닌 것 같다. 그래서 굳이 그를 '오작 양인'이라고 썼을 것이다.

　참검인들이 반드시 지켜야 할 원칙들도 있었다. 실제 참검인도 그러한 규정을 지키면서 검시를 할 수 있는 사람들을 대상으로 구성했다. 모두 짐작할 수 있듯, 가장 중요한 원칙은 검시 이전에 검시 대상이 되는 사람과 가까운 관인이나 친인, 그리고 법술에 능한 사람을 만나지 않아야 한다는 점이었다.[7] 행여 감정적으로 검시를 하거나, 뇌물에 연루되어 부화뇌동하는 일, 그리고 법술에 능한 사람들에게 속임을 당하는 일 등을 막기 위함이었다. 이 때문에 참검인들은 함께 움직여야 했고 잠시라도 그 자리에서 이탈할 수 없도록 했다. 심지어 이들은 검시를 할 동안 타인을 만나지도 않고 뇌물도 받지 않겠다는 서약까지 하는 경우도 있었다. 검시가 끝난 후에는 검시 관련 서류인 〈검시장식〉에 수결을 함으로써, 그 검시의 객관성을 확인해 주었다.

무원無冤_
검시의 원칙

검시는 예나 지금이나 전문가의 영역이다. 현대 사회에서도 검시는 전문적으로 의학 공부를 한 사람들이 맡는다. 그러나 조선시대 검시 책임자는 그 지역 지방관이 맡도록 되어 있다 보니 검시를 위한 수준 높은 의료지식을 갖추기는 어려웠다. 물론 이를 위해 의생이나 오작인들의 도움도 받았지만 검시 책임자가 가져야 할 전문성은 이들을 상회해야 했다. 이 때문에 검시를 할 때 참고해야 할 검시 기준이 필요했는데, 당시 안음현감은 3년 전인 1748년에 발간된《증수무원록增修無冤錄》[8]에 따라 검시를 진행했을 것으로 추정된다.

《증수무원록》의 연원은 중국 원나라 사람 왕여가 지은《무원록無冤錄》이다. 조선 초기인 세종 때 살인사건 조사에서 검시의 객관성과 전문성을 담보하기 위한 전문서적의 필요성이 제기되었다. 이 때문에 1438년《무원록》을 기반으로 당시까지의 경험과 과학적 소견을 정리하여 새롭게 주석을 단《신주무원록新註無冤錄》을 발간했다. 이 책은 오랫동안 조선시대 검시의 표준이 되었다. 그리고 조선 후기로 오면서 당

1751년,
안음현 살인사건

072

시까지 집적된 경험과 과학적 지식을 더해 1748년 《증수무원록》을 편찬하였다. 무원無寃이란 말 그대로 '죽은 사람의 억울함을 없앤다'는 뜻이다. 억울하게 죽은 사람, 즉 타인에게 살해되어 억울하게 죽은 사람들의 사인을 밝혀 냄으로써, 죽은 이의 억울함을 풀어 주기 위해 만든 책이다. 살인사건 수사에서 항상 활용 가능하도록 만든 조선 최고의 법의학서다.

조선의 법의학서인 《신주무원록》과 《증수무원록》의 가치는 검시 방법에만 있지 않다. 이 책들의 가치는 검시의 원칙과 보고 형식, 검시에서 반드시 기록해야 할 사안, 검시의 표준화를 위한 기본 지침 등에서도 확인된다. 어떠한 원칙을 가지고 어떠한 방법에 따라 검시를 해야 하는지, 그리고 그에 따른 검시 보고서는 어떻게 써야 하며, 검시에서 결코 빠뜨려서는 안 되는 것들이 무엇인지를 규정해 놓고 있다. 상·하권으로 구성된 《신주무원록》의 상권은 논변과 격례로 이루어져 있는데, 여기에서 이와 같은 내용들을 다루고 있다.[9]

이는 정확하고 표준화된 검시를 위한 약속으로, 현장 검시의 절차를 규정하고 검시할 때 공정성을 확보할 수 있도록 하려는 것이다. 이를 위해 우선 검시에 사용하는 다양한 법물들을 제시하고, 그 사용 방법을 표준화했다.[10] 더불어 〈초

복검험관문식初復檢驗關文式〉과 같은 서식을 통해, 검시 절차를 정확하게 규정하고 검시를 통해 반드시 확인하고 기술해야 할 내용들을 명시적으로 규정했다. 나아가 법의학 용어도 정확하게 정의함으로써, 용어 사용의 애매성을 없애려 했다.[11] 이를 통해 누가 검시를 하더라도 검시 표준에 따라 진행할 수 있게 하고, 그에 따라 작성된 보고서만으로도 시신의 상태와 사인을 확인할 수 있도록 했다. 개별 사건에 초점을 맞추는 것이 아니라, 살인사건 전체에 대한 국가 표준을 갖추려고 한 것이다.

이러한 기반 위에서 하권은 구체적인 검시 방법과 사망 원인에 따른 시신의 형태·모양, 시신에 나타나는 현상 등을 정리하고 있다. 검시 과정에서 드러난 시신의 상태나 모양, 상처나 피부의 색 등을 기반으로 그것이 어떻게 해서 발생한 것인지를 상세하게 알려 주고 있다. 현대 검시가 주로 시신의 해부와 약물검사 등을 통해 이루어지고 있다면, 《신주무원록》은 주로 관찰, 그중에서도 색을 관찰하는 방법으로 사인을 규명했다.[12] 해부학적 지식이 발달하지도 않았고, 시신에 다시 칼을 대는 것을 금기시한 문화적 이유 때문이기도 했다. 〈검복총설檢覆總說〉에서 시작해서, 총 43개의 항목으로 이루어진 구체적 검시 방법은 남아 있는 상처와 그 색을 통해 사인을 규명할 수 있도록 했다.

예컨대 칼에 찔린 자상의 경우 선홍색의 자상흔刺傷痕을 남긴다거나, 안색이 푸르고 매우 검으며 한쪽이 흡사 부은 듯하면 이는 다른 사람에 의해 물건으로 입과 코를 막히거나 눌려 죽임을 당한 것이라는 사실을 알려 주고 있다. 독살의 경우도 안색이 푸른색을 띨 때가 많으며, 살해 후 위장한 경우는 살색이 흰지 그렇지 않은지로 구분했다.[13] 더불어 이러한 상흔을 정확하게 확인할 수 있도록 하기 위해서 어떠한 법물을 사용해야 할지도 규정하고 있다. 시신을 닦고 상처가 제대로 드러나게 하거나 독살 여부를 확인하기 위한 법물은 과학적 검시의 기반이 되었다.[14] 나아가 시신은 날씨에 따라 색이 변할 수 있어서, 정확한 사인 규명이 힘든 경우도 있기 때문에 계절별로 시신의 발변發變이 어떻게 진행되는지에 대한 설명까지 있었다.[15]

검시의 표준화를 위한 노력

검시 보고서를 작성할 때 검시 절차 및 법물에 대한 표준화만큼 중요한 것은 척도의 표준화였다. 《성종실록》에 따르면 당시 조선에서는 여러 척도가 사용되었고, 특히 검시할 때 지방관들이 들쑥날쑥하게 척도를 사용하기 때문에 길고 짧음의 표준이 없으니 척도를 통일하라는 명을 내렸다.[16] 조선시대 1척 단위로 표준화된 길이는 다섯 가지였는데, 이 가운데 일반적으로 많이 사용된 척도는 세 종류였다.[17]

고려 때부터 내려온 척도는 주척周尺[18]으로, 유교 이념 국가에서 주나라의 문물을 신봉한다는 생각에 따라 폭넓게 사용되었다. 특히 주척은 고려시대에는 국가가 관리하는 도량형의 기본 단위로 사용되었는데, 조선시대 세종이 황종척黃鍾尺을 관척으로 사용하기 시작하면서 기본 단위의 지위를 잃어 버렸다.

《경국대전》에 따르면, 주척의 길이는 황종척 1척 대비 6촌 6리, 즉 0.66척으로 규정되었다.[19] 지금까지 발견되고 있는 황종척 1척을 미터법으로 환산하면 대략 34.35센티미터에서 34.6센티미터 정도이므로, 이를 가지고 주척을 미터법으로 환산하면 주척 1척은 22.67센티미터에서 22.83센티미터 정도였을 것으로 추정된다. 그러나 이는 《경국대전》의 규정에 따라 현재 발견된 황종척을 기준으로 환산한 것이며, 남아 있는 도본이나 유물들에 따라 상당한 차이가 있다. 《상례비요》의 도본에 따르면 주척 1척은 20센티미터가 채 되지 않으며, 《사례편람》의 경우에는 20.4~20.6센티미터 정도다.[20] 더불어 현재 주척에 따라 만든 수표석의 경우에는 21.7~21.8센티미터로 추정되기도 한다. 이에 따라 이종봉은 조선시대 주척의 길이에 대해 20.6~20.62센티미터 정도였을 것으로 유추하고 있다.[21]

황종척[22]은 세종 때 《사기史記》의 기록에 따라 중국 고대 율제인 12율 가운데 첫 번째 율, 즉 가장 낮은 음인 황종의 길이를 표준 척도로 사용하여 만들었다.[23] 동일한 소리를 만들기 위해 표준음으로 설정되어 있는 가장 긴 길이의 음이 황종인데, 이 황종은 계절로 비유하면 모든 것의 시작인 1월이다. 소리의 표준과 시작을 상징하는 황종을 철학적으로 해석하여 척도의 표준으로 삼은 것이다. 원래는 소리의 기준이 있는데, 이를 위해 표준화된 길이를 척도의 기준으로 삼은 것이다. 세종 이후 황종척은 공식적인 척도로 인정되어 관척

官尺의 지위를 얻었으며, 《성종실록》에서는 이를 검시의 기본 척도로 사용하라는 명을 내렸다.[24] 현재 발견된 황종척은 34.352센티미터인 것도 있고, 34.612센티미터인 것도 있는 것으로 보아, 대략 34.5센티미터 전후로 보인다.[25]

영조척營造尺은 주로 목공과 건축 등에 사용된 척도다. 그래서 목공척이라고도 불렸는데, 《경국대전》에서는 고문용 곤장의 길이도 영조척을 사용해서 제작하도록 규정하고 있다.[26] 영조척은 명나라에서 수입된 척도로, 시대에 따라 길이가 조금씩 달랐다. 태조 때에는 32.21센티미터였다가 세종 때에는 32.22센티미터 정도였는데,[27] 현재 발견된 영조척 도본을 미터법으로 환산하면 1척이 30.8센티미터에서 30.4센티미터까지 확인되고 있어서[28] 대략 31센티미터에 약간 못 미치는 것으로 보인다. 이 당시 지방 관아에서 사용하도록 돌린 관척을 보면, 황종척을 기본으로 주척과 영조척을 함께 새겨 넣었다.[29]

당시 검시를 위해 안음현감이 어떤 척도를 가지고 나갔는지는 정확지 않다. 다음 장에서 알 수 있듯, 검시에는 관척을 사용하도록 규정하고 있음에도 안음현감은 황종척을 사용하지 않은 듯하다. 이는 여전히 지역에서 척도 사용이 일정하

황종척

* 사진은 이종봉, 《한국도량형사》, 185쪽. 한국과학문화재단, 《우리과학문화재》, 서해
문집, 1997, 12쪽에서 재인용한 것임.

지 않았거나, 그것에 익숙하지 않았음을 보여 주는 대목이다. 물론 시신을 직접 만지면서 상흔을 재던 오작인이 잘못된 척도를 사용했을 가능성도 크다. 그러나 정부 차원에서는 규정된 척도를 사용하도록 했고, 실제 이것이 검시 보고서의 내용을 정확하게 파악하는 데 가장 중요한 사안이었음은 분명한 사실이다.

아울러 검시의 표준화에서 중요하게 거론되어야 할 문건은 〈검시장식〉이다. 흔히 〈시장식屍狀式〉이라고도 불리는 이 문건은 세종 때 《신주무원록》이 발간된 1439년 2월 이를 인쇄하여 배포하도록 했다.[30] 이것은 《신주무원록》의 검시 방법을 기반으로 만든 일종의 '문서 형식(표)'으로, 이를 인쇄하여 각 관청이나 고을 등에 비치하였다가 검시를 해야 할 일이 발생하면 여기에 따라 검시를 진행하고 그 위에 검시 결과를 기록하여 제출할 수 있도록 하였다. 〈검시장식〉은 초검과 복검에 모두 동일한 양식을 이용해서 검시를 진행하도록 했던 일종의 지침서다.

4
검시 결과

현장에 도착한 안음현감은 우선 참검인들에게서 검시 규정을 지키겠다는 확인을 받은 후, 현장 상황을 확인했을 것이다. 그리고 오작인에게 가지고 간 법물로 시신을 깨끗하게 닦게 한 후, 시신의 상흔과 상처 등을 일일이 확인하면서 〈검시 장식〉의 내용을 채워 갔을 것이다. 앞에서 잠깐 본 것처럼, 〈검시장식〉에는 사건이 발생한 지역과 도착한 시간, 시체의 사망 원인을 간단하게 요약하도록 되어 있다.[1] 그리고 그 아래에 사람의 앞뒷면 모양이 인쇄되어 있고, 그 위에 시신의 상흔과 크기, 관찰 결과 등을 자세하게 기록할 수 있도록 되어 있다. 그리고 마지막으로 검시에 참여한 사람들의 수결을 받아 그 내용이 사실에 따라 기술되었다는 것을 확인함으로써, 객관적인 보고서로, 그리고 초동검시 결과서로 기능하도록 했다.

김한평 검시

김한평의 시신은 사건 현장에서 옮겨져 있었다. 사건 현장에 원래 모습 그대로 시신을 두어야 했는데, 현장이 훼손된 것이다. 이 때문에 주변의 상황과 정황에 대한 기술이 힘들어서, 시신의 상태부터 바로 기록되어 있다. 그 내용들을 살펴보면서, 김한평의 사망 원인을 확인해 보기로 한다.

김한평은 41~42세* 정도의 남자로, 키는 5척 5촌(170.5센티미터)**이다. 머리카락 길이는 1척 3촌(40.3센티미터)이며, 피

---

* 원문에는 11~12세로 되어 있는데, 나이가 현실적으로 맞지 않는다. 아마 한두 글자가 누락된 것으로 보이는데, 김동학의 형인 것으로 추정해서 41~42세로 보았다.

** 앞에서 황종척과 영조척, 주척에 대해 설명했는데, 이것을 미터법으로 환산해 보면 당시의 일반적인 상황과 잘 맞지 않았다. 관척, 즉 황종척으로 쟀다면, 김한평의 키

부색은 엷은 황색이다. 두 손은 살짝 쥐고 있는 상태로, 두 다리는 곧게 펴져 있다. 음경과 음낭이 아래로 축 늘어져 있는 것으로 보아 과도한 방사로 인해 사망한 것은 아니다. 두 눈은 감겨 있고 입은 반쯤 열려 있으며 혀가 이빨 밖으로 나오지 않고 콧구멍에 피가 맺혀 있는 것으로 보아, 교살로 인한 사망도 아니다.

◆ 앞면 상태

앞면 상처로는 이마 피부에 찰과상이 하나 있는데 직경이

5척 5촌은 189.75센티미터로 환산되며, 김동학도 5척으로 172.5센티미터 정도다. 그런데 조영준의 연구나 기타 조선 사람들의 키에 대한 기록을 가지고 보면, 190센티미터에 달하는 김한평의 키는 현실성이 낮다. 그렇다고 5척 5분을 주척(21.8센티미터)으로 환산해도, 119.9센티미터이니 이것도 맞지 않다. 이렇게 보면 영조 때의 영조척인 1척당 31센티미터로 환산하면 170.5센티미터 정도이니, 이 키가 현실적이다. 당시 지방에 보급된 관척을 보면 앞면에 황종척을 기준으로, 뒷면에 영조척과 주척을 새겨 두었는데, 당시 안음현감이나 오작 양인 하순걸이 관척에 새겨져 있는 영조척으로 쟀을 가능성도 있다. 따라서 여기에서 미터법으로 환산하는 것은 대략적인 이해만을 목표로 하기 때문에, 영조 때쯤 사용되었을 것으로 추정되는 영조척을 기준으로 하여 1척당 31센티미터로 환산했다. 1촌은 1/10척, 1푼은 1/10촌, 1리는 1/10푼이다.

4촌 7푼(14.57센티미터)이고, 왼쪽 태양혈(얼굴 태양혈 부분으로, 눈썹 바깥쪽과 눈꼬리 바깥쪽 사이의 한가운데 정도에 있는 경혈)에도 찰과상이 있는데 직경은 6푼(1.86센티미터)이고 색은 검다. 콧대 왼쪽으로도 칼자국이 나 있는데, 사선으로 길이가 8푼(2.48센티미터)이고 너비와 깊이가 각각 2푼(0.62센티미터)이다. 색은 자줏빛인데 조금 단단하다. 오른쪽에는 부딪혀 생긴 상처가 하나 있는데, 사선으로 길이가 5푼(1.55센티미터)이고 너비는 2푼(0.62센티미터)으로, 색은 붉고 매우 단단하다. 눈동자 아래 오른쪽에도 칼자국이 하나 있는데, 직경이 5푼(1.55센티미터)이고 깊이는 2푼(0.62센티미터)이다. 피부에도 상처가 있는데 사선으로 길이 8푼(2.48센티미터), 너비 3푼(0.93센티미터)이고, 색이 자줏빛으로 조금 단단하다. 왼쪽에는 찰과상이 있는데, 사선으로 길이가 6푼(1.86센티미터)이고 너비가 7푼(2.17센티미터)이며, 색이 자줏빛이고 조금 단단하다.

왼쪽 귓불에 찰과상이 나 있는데, 사선으로 난 길이가 4푼(1.24센티미터), 너비는 1푼(0.31센티미터)이고, 피가 엉겨 붙어 있다. 색은 자줏빛으로 매우 단단하다. 오른쪽 눈동자 아래에는 찰과상을 입었는데, 피부에 갈린 곳이 사선으로 길이 4푼(1.24센티미터), 너비 4리(0.124센티미터)로 자줏빛 색을 띠고 있으며 조금 단단하다. 또 하나의 피부 찰과상은 사선의 길이 4푼(1.24센티미터), 너비는 5리(0.155센티미터)이며 엷은 자줏빛을 띠었고 부드러웠다. 오른쪽 뺨의 귀 곁에 칼자국이 있다. 길이는 7푼(2.17센티미터)이고 너비는 1푼(0.31센티미터)이며, 깊이 역시 1푼(0.31센티미터)으로 색이 붉다. 자상刺傷으로 피가 계속 흘러내리고 있으며 부위는 부드럽다. 오른쪽 귓불에도 칼자국이 있는데 길이가 8푼(2.48센티미터), 너비가 1푼(0.31센티미터), 깊이가 3푼(0.93센티미터)이다. 자줏빛 색을 띠고 있으며, 조금 단단하다.

왼쪽 아래턱에도 칼로 인한 상처가 있다. 사선으로 깊이가 2푼(0.62센티미터), 너비가 8리(0.248센티미터)이며, 색이 검붉고 피가 응고되어 있는 상태로 매우 단단하다. 왼쪽 목덜미에도 칼자국이 있는데 사선으로 길이가 1촌 3푼(4.03센티미터), 너비가 3푼(0.93센티미터)이다. 색은 자줏빛이고 피가 응고되어 있으며 매우 단단하다. 위아래 입술은 조금 부어 있는 상태로, 색은 푸른빛이 선명하고 부드럽다. 아랫입술 좌우에는 이빨로 문 자국이 남아 있는데, 사선으로 길이와 너비가 각각 1푼(0.31센티미터)이다. 색은 엷은 자주빛인데, 선명하고 부드럽다. 오른쪽 목덜미 부분 아래에도 칼자국이 있는데, 사선으로 길이가 5푼(1.55센티미터), 너비가 1푼 5리(0.465센티미터), 깊이가 1푼(0.31센티미터)이다. 색은 검붉고 조금 단단하다.

왼쪽 갈빗대 위에는 돌에 맞은 상처가 있었다. 직경이 4촌(12.4센티미터)으로, 맞은 부위의 색은 검붉고 매우 단단하다. 왼쪽 무릎 위에는 작은 콩조각처럼 생긴 찰과상이 하나 있다. 색은 옅은 자줏빛이며, 피가 응고된 상태로 조금 단단하다. 왼쪽 정강이 근육 안쪽에도 찰과상이 있는데, 사선으로 길이가 2푼(0.62센티미터), 너비는 1푼(0.31센티미터)이다. 색은 자줏빛으로 조금 단단하다. 또 다른 찰과상도 하나 더 있는데, 사선의 길이가 2푼(0.62센티미터)이고 너비는 1푼 5리(0.465센티미터)이다. 색은 옅은 검은색으로 매우 단단하다.

오른쪽 무릎 안쪽에도 작은 콩조각 모양과 같은 찰과상이 하나 있는데, 색은 자줏빛으로 조금 단단하다. 무릎 아래에도 찰과상이 있는데, 피가 응고되어 있고, 모양은 큰 콩조각 같다. 색은 검고 매우 단단하다. 오른쪽 무릎 안쪽에도 또 다른 찰과상이 있는데, 사선으로 길이가 2푼(0.62센티미터), 너비는 1푼(0.31센티미터)이며, 색은 자줏빛으로 조금 단단하다. 또 다른 찰과상이 하나 더 있는데, 사선으로 길이가 2푼(0.62cm), 너비가 1푼 5리(0.465센티미터)다. 색은 옅은 검은색으로 매우 단단하다.

◆ 뒷면 상태

뒷면 상처로는 우선 머리털 끝부분 위 오른쪽에 칼자국이 있다. 사선으로 길이가 8푼(2.48센티미터), 너비가 2푼(0.62센티미터), 깊이가 2푼(0.62센티미터)으로 혈액이 흐르는 상태이다. 상처 부위는 부드럽다. 아래로 이어진 칼자국이 있는데 사선으로 길이는 6푼(1.86센티미터), 너비가 2푼(0.62센티미터), 깊이가 1푼(0.31센티미터)이다. 혈액이 흐르고 있고, 부드럽다. 그 아래 다시 이어진 칼자국이 있는데 사선으로 길이는 1촌 3푼(4.03센티미터), 너비가 1푼 5리(0.465센티미터), 깊이가 2푼(0.62센티미터)으로, 이 역시 혈액이 흐르는 중이고 촉감은 부드럽다. 오른쪽 귀 뒤 머리털 끝부분에 칼자국이 있는데, 사선으로 길이가 2촌(6.2센티미터), 너비가 1푼(0.31센티미터), 깊이가 1푼(0.31센티미터)이다. 혈액 역시 흐르는 중이고 부드럽다.

오른쪽 귀 아래에는 돌에 맞은 상처가 있다. 사선으로 길이는 5푼(1.55센티미터)이고 너비는 2푼(0.62센티미터)으로, 색은 검고 피가 엉겨 붙어 있는 상태로 매우 단단하다. 오른쪽 목에 칼자국이 있다. 사선으로 길이 4푼(1.24센티미터), 너비 1푼(0.31센티미터), 깊이 3푼(0.93센티미터)이다. 색은 붉고 혈액은 흐르는 중이며, 부드럽다. 뇌의 뒷부분 아래 머리털 끝부분 위에도 칼자국이 있는데 사선으로 길이 1촌 2푼(4.03센티미터), 너비 1푼 5리(0.465센티미터), 깊이 1푼 1리(0.341센티미터)이다. 혈액이 흐르는 상태로 부드럽다. 그 아래로는 이어진 칼자국이 있는데 사선으로 길이가 4푼(1.24센티미터), 너비 5리(0.155센티미터), 깊이 1푼(0.31센티미터)이다. 이 역시 혈액이 흐르는 상태로, 부드럽다.

왼쪽 오금 부위에는 맞은 상처가 3곳 있는데, 하나는 작은 콩조각만 하고 둘은 좁쌀 큰 것만 한데, 색은 붉고 부드럽다. 등 부분은 전체적으로 색이 엷은 자황색이다. 등뼈 아래로 돌에 의한 찰과상이 있는데, 직경이 2촌 2푼(6.82센티미터)으로, 색은 검고 매우 단단했다. 오른쪽 팔꿈치 아래에는 칼로 인한 상처가 있는데, 사선으로 길이 1촌(3.03센티미터), 너비 3리(0.093센티미터)인데, 색은 자줏빛으로 매우 단단하다. 왼쪽 넓적다리 위에도 칼자국이 있는데 사선으로 길이 1촌(3.1센티미터), 너비 2푼(0.62센티미터)이다. 혈액이 흐르고 있으며, 부드럽다.

마지막으로 은비녀로 시험을 했지만, 비녀 색이 변하지 않았다. 흰밥 한 덩어리를 시신의 입에 넣었다가 다시 꺼내어 닭에게 먹여 보았지만 죽지 않았다. 독에 중독된 것은 아닌 것으로 판단된다. 이 모든 상황으로 보아 사망의 원인은 칼에 맞은 것이다.

◆ 김한평_칼에 찔려 사망

위의 검시 결과에 따라 안음현감 심전은 김한평의 실질적 사인을 '칼에 찔려서 사망한 것'으로 결론을 내렸다. 〈시장〉의 내용에 따르면 김한평에게 가해진 큰 물리적 충격은 왼쪽 갈비대 위쪽으로 돌로 내려친 것과 오른쪽 뺨 뒤에서부터 머리 뒤로 나 있는 칼자국으로, 검시가 진행될 때까지 계속 피가 흐르고 있는 것으로 보아 동맥이나 혈관이 칼로 인해 찔렸을 가능성이 높다. 이러한 치명상이 가해지기 전에 격렬한 격투로 인해 여러 곳에 칼에 스친 자국들이 관찰되었으며, 넘어지고 끌려 다니면서 생겼을 것으로 추정되는 찰과상도 몸에 남아 있었다. 아마 돌에 맞은 후 자신에게 닥쳐오는 공격을 방어하다가, 결국 칼에 찔려 사망했을 가능성이 컸다.

이를 현대 의학의 관점에서 보면 가장 의심되는 부분은 왼쪽 아래턱과 목덜미에 나 있는 칼자국이다. 물론 깊이가 2푼(0.62센티미터 남짓) 정도여서 사람이 사망할 가능성은 낮아 보이나, 이 당시 이미 근육이 굳어지면서 실제 깊이가 제대로 측정되지 않았을 가능성은 높다. 이 상처는 측정된 깊이보다 조금만 더 깊이 들어갔다면 뇌로 올라가는 경동맥을 건드렸을 가능성이 높고, 이로 인해 대량의 출혈이 있었을 것으로 보인다. 사망 원인은 경동맥 파열에 의한 과다출혈이 있었고, 이로 인한 저혈성 쇼크로 사망했을 가능성이 크다.

김동학의 검시

김동학의 시신은 김한평의 시신이 있던 곳에서 약 10리 쯤(실제로는 2~3킬로미터 정도로 추정) 떨어진 곳에 있었다. 사건 발생 장소와의 거리로 보아, 사건 현장에서 죽을 힘을 다해 도망친 것으로 보인다. 장수사 아래 동네 입구에 김동학의 시신이 놓여 있었는데, 안음현감 심전은 그곳에서 검시를 진행했다.

다행스럽게도 김동학의 시신은 사망 장소로 추정되는 곳에 있었다. 안음현감 심전이 그 주위를 관척*으로 재어 보니, 동쪽과 서쪽으로는 말목과의 거리가 각각 8척(2.48미터) 정도였다. 남쪽으로는 말목과의 거리가 8척 5촌(2.635미터)이었고, 북쪽으로는 7척 5촌(2.325미터) 정도였다. 시신을 덮어 둔 포대 2장을 걷어 내니, 입고 있는 옷은 베적삼과 무명바지 하나씩이 전부였다. 머리를 동쪽으로 발을 서쪽으로 향하게 하여 전면으로 눕힌 후 오작양인 하순걸에게 옷을 차례로 벗기게 했다. 그리고 난 뒤 돌려 눕혀서 법물인 술지게미 등으로 몸을 씻기게 한 후 김한평의 검시와 마찬가지로 관련 사항들을 검시했다.

◆ 검시 내용 요약

김동학의 검시 내용 역시 앞에서 본 김한평의 검시 내용과

---

* 이 관척 역시 앞의 김한평 검시 때와 마찬가지로, 황종척을 사용했는지 확인이 어렵다. 다만 앞의 김한평의 시신에 대한 검시와 통일성을 기하기 위해 1척을 영조척에 준해 31센티미터로 환산했다.

동일한 형식으로 관찰 가능한 모든 상처와 흔적들을 기술하였다. 〈검시장식〉에 따라 반드시 앞면 상태와 뒷면 상태를 구분하여 관찰 내용을 모두 기술했다. 실제 검시 내용 기록은 김한평의 검시 보고서처럼 되어 있지만 여기에서는 특징적인 내용만 요약해서 기술하기로 한다.

김한평은 35~36세가량의 남자로, 키는 5척(155센티미터)이고 머리카락 길이는 2척(62센티미터)이었다. 두 눈과 입은 반쯤 열린 상태였는데, 혀는 치아 밖으로 나오지 않았고, 온몸의 색은 엷은 황색이었다. 이로 보아 교살로 인해 사망한 것은 아니었다.[2] 두 손은 가볍게 쥔 상태였고, 두 다리는 곧게 뻗어 있었다. 음경과 음낭이 아래로 늘어져 있는 것으로 보아 과도한 방사로 인한 사망도 아니었다.

머리 오른쪽에는 칼에 맞은 자국이 있는데, 검시 진행 시에도 피가 흐르고 있었다. 그 외에도 몇 군데 칼에 베인 상처들이 남아 있었는데, 목숨을 잃을 정도로 치명적이지는 않았다. 그 외에 관찰되는 상처는 격투 과정에서 넘어지거나 도망치면서 생겼을 것으로 추정되는 찰과상들이다. 얼굴을 비롯하여 가슴과 사타구니, 다리에 이르기까지 김한평과 마찬가지로 많은 찰과상들이 관찰되었다. 찰과상을 제외하고, 앞면에 보이는 특징적인 상흔은 왼쪽 갈비뼈 아래에 난 상처로, 푸른색이 선명하고 부위가 매우 단단했다. 그리고 정강이에도 이와 유사한 상처가 하나 있는데, 모두 돌이나 몽둥이에 맞아서 생긴 상처들로 추정되었다. 갈빗대 아래부터 복부는 많이 부어 있었고 만져 보니 단단했다.

뒷면 역시 가장 많이 보이는 상처는 찰과상들이며, 칼로 인한 상처도 몇 개 관찰되었다. 그리고 오른쪽 팔꿈치에는 넘어지면서 생겼을 것으로 추정되는 피멍이 있었다. 뒷면 부위도 등 가운데 아래부터 옆구리 아래까지 많이 부어 있었다. 색은 자줏빛을 띠었으며, 부위를 만져 보니 단단했다. 특히 왼쪽 옆구리 부분이 오른쪽에 비해 많이 부어 있었는데, 이 부분을 손으로 만져 보니 뼈가 부서진 듯한 소리가 났다. 상처는 옅은 붉은빛을 띠고 있었다. 앞면 복부 부위의 돌이나 몽둥이에 의한 상처와 연결된 것으로 보아, 옆구리 아래를 돌이나 몽둥이로 가격당한 것 같았다. 격렬한 격투 과정에서 돌이나 몽둥이와 같은 흉기에 맞은 것으로 추정되었다.

◆ 김동학_흉기에 맞아 사망

김동학의 시신 역시 김한평과 마찬가지로 독살 가능성까지 확인했다. 은비녀를 사용하고, 흰밥 한 덩이를 입안에 넣었다가 빼서 이를 닭에게 먹이기도 했다. 은비녀도 반응이 없었고, 닭도 죽지 않은 것으로 보아 독에 의한 사망은 아니었다.

이제 사인을 결정해야 했다. 칼에 맞은 자국도 여러 군데 관찰되었지만, 대부분 목숨을 잃을 정도의 치명상은 아니었다. 주로 얕게 베이거나 긁힌 정도였다. 가장 눈에 띄는 것은 복부 아래에서 왼쪽 옆구리 쪽을 거쳐 등 뒤에까지 부어 있는 부분이다. 갈빗대 아래와 정강이 부분에 돌이나 몽둥이로 맞은 듯한 상흔이 있는 것으로 보아, 마지막 갈빗대 아래에 가격당해서 복부에서 등 뒤에까지 부어 있는 것 같았다. 왼쪽 옆구리 쪽으로 갈비뼈 소리가 들릴 정도로 맞았다면, 아마 갈비뼈가 부서질 정도로 내상이었을 것이다. 배가 불룩하고 딱딱한 것은 장기가 부었거나 출혈로 인해 복부에 피가 가득 차서 생긴 결과로 추정되었다. 김동학 시신을 검시하고서 안음현감 심전은 그의 사인을 '흉기에 맞아 죽은 것'으로 결론 내렸다.

이러한 판단은 현대 의학의 관점에서 보아도 설득력이 있다. 왼쪽 옆구리를 만졌을 때 갈비뼈 부서진 소리가 날 정도라면 부서진 갈비뼈가 왼쪽 옆구리 쪽 장기인 비장을 찔렀을 가능성이 크다. 이렇게 되면 복강 내 출혈이 일어나게 되는데, 장기의 특성상 외부에서는 확인이 어렵다. 다만 출혈로 인해 복부가 붓고 딱딱하게 되는 정도다. 그러나 장기의 특성상 출혈은 지속될 수밖에 없고, 시간이 오래되면 이 역시 많은 출혈로 인한 저혈성 쇼크사로 이어지게 된다. 김동학 역시 김한평과 마찬가지로 저혈성 쇼크사이지만, 경동맥 파열로 인한 대량 출혈로 살해 현장을 따나지 못했던 김한평과 달리 김동학은 비장 파열에 따른 복강 내 출혈로 인해 저혈성 쇼크 역시 시간을 두고 나타났을 것이다. 이 때문에 사건 현장으로 2~3킬로미터 쯤 벗어날 수 있었고, 사망 시간 역시 김한평보다 1~2시간 정도 뒤였을 것으로 추정된다.

5
현장조사에서 자백까지,
신문의 원칙

검시 결과 김한평은 칼에 찔려 죽었고, 김동학은 흉기에 맞아 옆구리 갈비뼈가 부러질 정도의 상처로 죽은 것으로 결론지어졌다. 현대 의학의 관점에서 보면 두 사람 모두 과다 출혈로 인한 저혈성 쇼크로 사망했을 가능성이 높다. 특히 김동학의 경우에는 옆구리 갈비뼈가 부러지면서 비장을 찔러 장기 출혈로 사망한 듯하다. 둘 다 교살이나 독살에 의한 살해 가능성은 없었다. 사망은 외부적 요인에 의한 것이 확실했다.

초동수사_
수령의 책무

조선시대의 살인사건은 역모와 강상綱常을 범한 죄[1] 다음으로 중범죄였다. 살인죄는 정상을 참작할 만한 사정이 없다면 사형으로 처벌했다.[2] 살인범에 대한 사형, 곧 사람의 목숨을 빼앗는 형에 대해서는 오직 국왕이 최종적으로 확인해서 처결을 명할 수 있었다.[3] 이를 원론적으로만 설명하면, 살인사건은 왕이 직접 조사해서 처결을 내려야 할 정도로 엄중한 범죄였다는 의미다. 이 때문에 살인사건의 경우 왕명을 받은 관리(지방의 경우 지방관)가 직접 사건을 조사해야 했고, 수사 과정과 신문, 검시 결과 등을 비롯한 모든 내용들은 반드시 조정까지 보고해야 했다.[4]

특히 살인사건은 사람의 목숨과 관계된 일이어서 '억울함'이 발생하지 않도록 하는 데 조사의 초점을 둬야 했다. '억울함을 풀어 준다'는 의미는 피살자의 억울함을 풀어 준다는 의미가 1차적이지만, 동시에 진범이 잘못 확정되었을 때 발생할 수 있는 또 다른 억울한 피해자가 없도록 해야 한다는 것이기도 했다. 따라서 진범을 확정하는 과정 역시 신중에 신중을 기하도록 함으로써, 억울한 피해자가 발생하지 않도록 하기 위해 노력했다. 지방관은 억울하게 죽은 이의 '억울함'을 풀어 주면서, 동시에 또 다른 '억울한 죽음'이 없도록 해야 하는 1차 책임자였다.

예나 지금이나, 살인사건이 나면 먼저 범죄 사실을 입증하고 범인을 특정할 수 있는 증거를 찾기 위한 조사부터 시작해야 한다. 단서나 증거가 남아 있는 범죄 현장을 보존하여 조사하고, 관련자들을 신문해서 상황을 재구성해 가는 과정은 시간을 다투어 빨리 진행해야 하는 일들이다. 특히 범인이 자기가 죽였다고 자백할 가능성은 낮기 때문에 철저한 조사를 통해 증거들을 중심으로 범죄 사실을 입증해야 하는 것도 예나 지금이나 마찬가지 원칙이다. 이렇게 범죄 사실과 그 범죄를 지은 사람이 확정되면, 그에 따라 형량을 결정하는 과정으로 이어진다.

현대 사회에서 이러한 절차들은 크게 수사 과정과 재판 과정으로 나뉘는데, 예나 지금이나 가장 중요한 과정은 단서나 증거를 중심으로 범죄를 증명하기 위한 수사 과정이다. 재판은 이 수사 내용과 그 결과를 다시 점검하고, 그에 따라 형량을 정하는 과정이기 때문이다. 원론적으로 보면 현재 한국

사회는 수사 과정을 경찰(과 검찰)이 담당하고, 재판 과정은 검찰과 피의자(변호인), 그리고 재판부가 담당한다.[5] 그러나 조선시대에는 각 군현의 지방관에게 그 지역 행정과 사법 업무가 통합되어 있었기 때문에 1차 수사 과정도 지방관의 몫이었다. 사건이 발생하면 관할 지방관은 범죄 사실 입증을 위해 검시와 정황 조사, 관련인 증언 청취, 혐의자 대상 신문 등을 진행해야 했다.[6] 그리고 그 결과에 해당하는 검안과 신문 보고서 등을 작성하여, 역시 행정과 사법 업무가 통합되어 있는 2차 책임자인 상급기관의 감사에게 보내야 했다. 이렇게 되면 감사는 초검관의 보고를 기반으로 2차 검시와 신문 등을 진행하게 하는데, 이때부터는 관할 지역 지방관을 넘어 감사(관찰사)의 시간이 된다.[7]

이러한 일들은 1차 조사 책임을 지고 있던 안음현감 앞에 놓인 일들로, 자신의 의지와 상관없이 반드시 진행해야 하는 살인사건 관련 국가시스템이었다. 5년째 안음현감으로 재직하고 있던 심전은 노련한 지방관이었다. 지금까지 접한 다양한 사건의 경험들을 동원하여 우선 주변인들의 증언을 확보하고 검시에 착수했다. 그리고 사건 현장의 확인을 통해 그 정황을 추론한 후 수사와 신문 방향을 정했다.

현장_
의심에서 확신으로

신문은 주변인들의 증언 확보로 시작했다. 검시 이전에 우선 살해된 김한평과 김동학의 친인척들로부터 주변 정황에 대한 진술을 들었지만, 큰 소득은 없었다. 이들은 검시에 반드시 참여해야 할 시친의 자격으로 온 것이어서, 검시를 위한 기초적인 내용만 확인했을 뿐이다. 안음현감 심전은 이들의 진술을 들은 후 검시 전 잠시 사건 현장을 둘러보았다. 김태건과 구운학을 감옥에 가두라고 할 때부터 심중에 품고 있던 의문을 해소하기 위함이었다.

심전은 이 4명이 모두 도적 떼 잡는 일에 특화된 기찰군관들이었다는 점에서 의문을 가졌다. 김한평은 도적을 잡는 안음현 최고전문가 중 한 명이고, 기찰군관들 역시 지역에서 기찰 임무를 담당하면서 도적 떼 잡는 일을 해 왔다. 아무리 도적 떼가 10여 명에 달했다고 해도 도적 잡는 전문가인 기찰군관 4명이 이들을 감당하지 못했다는 사실은 납득하기 어려웠다. 기찰군관 4명이 단단히 대비한 상황에서 싸움이 벌어졌다면, 도리어 피해를 보는 것은 도적 떼일 수도 있었다. 두 명의 기찰군관이 죽고 두 명이 꽁지가 빠지라 도망칠 정도의 상황이었다는 것은 도적 떼들이 갑작스럽게 덮쳐서 이들에게 회복 불가능한 타격을 주었을 때나 가능한 일이었다.

현장은 바로 전날 일어난 사건으로 여러 발자국들이 어지럽게 널려 있었다. 김한평이 흘린 것으로 보이는 피가 이리저리 흩뿌려져 있어 사건 현장임을 쉬 짐작할 수 있었고, 시신이 놓인 상태도 추정 가능했다. 심전은 핏자국을 통해 김한평이 죽은 곳으로 추정되는 장소를 확인한 후, 그곳을 중심으로 주변을 꼼꼼히 살피기 시작했다. 그가 신경을 곤두세워 찾으려 한 것은 도적 떼 10여 명 정도가 몸을 숨길 수 있을 정도의 장소였다. 김태건과 구운학의 말이 신빙성이 있으려면 수망령을 내려오는 기찰군관들의 눈에는 띄지 않을 정도로 10여 명이 몸을 숨기기에 용이한 장소가 있어야 했다. 그러나 김한평이 죽은 곳을 중심으로, 그 주변은 비교적 너른 장소였다. 기찰군관들이 삽시간에 대응할 수 없을 정도로 깊이 은신해 있다가 습격할 만한 공간은 눈에 띄지 않았다. 이런 정도 장소라면 멀리서부터 도적 떼들을 보고 도망을 쳐도 충분하게 시간을 확보할 수 있을 것 같았다.

그렇다면 또 다른 가능성은 도적 떼들이 마치 행인인 것처럼 가장해서 습격하는 방법이었다. 전혀 도적 떼처럼 보이지 않던 행인들이 갑자기 이들을 덮쳤다면, 이 역시 당황스러운 상황일 수 있었다. 그러나 이처럼 계획을 짜서 습격했다고 보기에는 사건 현장이 이치에 잘 맞지 않았다. 살인 현장에서 얼마 떨어지지 않은 곳에는 위급한 상황이 발생했을 때 도움을 요청할 수 있는 큰 사찰이 있었다.

기찰군관들이 비록 높은 지위는 아니지만, 그래도 공권력을 가진 사람들이었다. 따라서 이들은 절에 있는 승병을 부르거나 도움을 청할 수 있었다. 이후 구운학의 진술에서도 승병을 부르기 위해 장수사에 갔다고 주장한 것에서 알 수 있는 것처럼, 큰 절에서는 대부분 승병이 조직되어 있었다. 만약 도적 떼들이 이 장소를 선택해서 기찰군관들을 해치려 했다가는 장수사 소속 승병들과 싸워야 하는 상황을 만날 수도 있었다.

임진왜란이 발발했을 때 승려들이 의병으로 참여하면서, 정부는 승병 조직의 유용성을 실감했다. 그래서 임진왜란 이후 국가적 위기 상황이나 재난 상황에 대비해서 각 사찰을 중심으로 승병을 상시 조직으로 운영했다. 승병들은 왕릉을 만들거나 대규모 건축 및 토목 사업 등 지역이나 국가 단위에서 이루어지는 크고 작은 부역에 먼저 동원되었다. 따라서 장수사 정도의 절이라면 안음현의 필요에 따라 승병이 조직되어 있었을 것이다. 우발적이라면 몰라도, 계획까지 세워 기찰군관들을 습격하기로 했다면, 장수사 바로 뒤에서 이를 결행하는 것은 참으로 어리석은 짓이다. 그것도 해가 중천에 떠 있는 대낮에 말이다.

10명의 도적 떼에 대한 진술은 살아남은 김태건과 구운학의 입에서만 나온 말이다. 김한평과 김동학의 시신을 발견한 후 이를 고변해 왔던 장수사 승려는 도적 떼에 대해 전혀 알지 못했다. 안 그래도 자신들의 상관과 동료가 도적 떼에게 난타당하는 중에 이들을 구할 생각을 하지 않고 도망쳐 왔다면 이는 상관의 죽음을 방조한 것으로 보이는 상황인데, 사건 현장을 조사해 보니 이제는 그들의 보고 자체가 의심되었다. 의심의 눈을 가지고 보면 의문은 꼬리에 꼬리를 물고 커지기 마련이다.

자백_
신문을 고문으로

검시를 모두 마친 심전은 자신의 의문점부터 풀기로 했다. 원래는 장수사의 목격자들을 비롯한 주위 사람들을 신문하고, 이들로부터 충분한 증언들을 확보한 상태에서 피의자로 의심되는 사람들을 신문하는 게 일반적이었다. 그러나 안음현감은 이미 상관의 죽음을 방조한 죄가 이 둘에게 있다고 판단해서 김태건과 구운학을 먼저 신문하기로 했다. 심전의 의심이 이 둘을 용의선상에 올리기 시작하는 시점이었다.

검시를 마치고 현청으로 돌아온 안음현감 심전은 그날(19일) 바로 김태건과 구운학을 신문하기 시작했다. 모두 잘 알고 있는 것처럼, 조선시대 인권 개념은 신문을 받는 용의자까지 대상으로 하기에는 부족하기 이를 데 없었다. 근 30~40년 전만 해도, 자유민주주의를 표방하는 국가에서 공권력에 의한 고문으로 죽는 사람이 발생할 정도였으니, 조선시대에는 오죽했을까! 신문 과정에서 용의자를 고통스럽게 해서 자백을 받아 내는 일은 이미 오래된 관습이었다.

원래 자백을 받아 내는 일은 형을 집행할 수 있는 당위를 확보하기 위한 것이다. 스스로 죄를 시인해야, 그에 합당한 벌을 부여할 수 있다는 인식에 따른 것이다. "네 죄를 네가 알렷다"라는 말에는 범인이 벌을 받는 이유를 인정하라는 의미가 담겨 있다. 유학적 도덕률에 따라 죄를 인정하고, 그에 대한 벌을 당당히 받아야 한다는 원칙론도 함께 적용된다. 이 때문에 자백은 수사 및 조사 과정에서 얻어 내야 할 최종 목표가 되었다. 그러다 보니 자백을 받아 내려는 노력이 다른 어떤 것보다 우선되었고, 이는 결국 자백을 받아 내기 위한 방법을 폭넓게 인정하는 결과로 이어졌다.

더구나 이 사건은 살인사건이었다. 앞에서도 밝힌 것처럼, 살인사건의 특성상 범인으로 확정되면 그에 합당한 형은 정상 참작의 여지가 없는 한 사형이었다. 특히 범행을 계획하고 고의로 살인을 한 경우는 형량의 차이라고 해도 참수와 교수형 정도였다. 따라서 범인의 입장에서는 이를 시인한다는 것 자체가 곧 자기 죽음을 의미했다. 누구나 예측하듯이 살인에 대한 자백을 받아 내는 것은 쉽지 않기 때문에 이를 위해서는 신문하는 사람도 잔혹해질 수밖에 없었다. 따라서 용의선상에 오른 사람에 대한 신문이 시작되는 순간부터 신장訊杖이 난무했을 것이다.

신장은 신문할 때 사람을 때려 고통을 받게 할 목적으로 만든 일종의 신문용 몽둥이다. 신문할 때 허벅지에 장을 끼워 고통을 가하는 이른바 '주리'는 법에 규정되어 있던 신문 방법이 아니다.[8] 물론 그렇다고 이러한 방법이 동원되지 않았다는 말은 아니지만, 원칙적으로 조선시대에도 용의자를 신문할 경우에는《경국대전》이나《대명률》등에 규정되어 있는 방법을 따르도록 했다. 법전에서는 자백을 받아 내기 위한 고문을 허용하면서도, 동시에 신문 과정에서 사람이 죽을 수 있는 가능성은 최대한 낮추려 했다. 이러한 원칙은 신문 과정에서 피의자가 사망했을 경우 신문하는 사람들을 강하게 처벌하도록 규정되어 있는 데에서도 잘 드러나 있다.[9] 더불어 고문을 가하는 형구인 신장의 규격이나 사용 방법, 사용 횟수, 사용 주기 등에 대해서도 명시적으로 규정함으로써, 과도한 고문을 통해 억울한 피해자가 발생하지 않도록 하려 했다.

고문은 하되 죽지는 않게

신장은 때려서 고통을 줄 용도로 만든 일종의 몽둥이로, 그 크기에 따라 고통의 크기나 사망의 위험성은 비례했다. 신장은 지방이나 중앙의 일반 관서와 형조 등에서 사용했는데, 그 규격이 《경국대전》과 《대명률》에서 약간씩 차이가 있다.[10] 《대명률》은 조선의 법이 채 정비되기 전에 명나라의 법을 가져와서 조선에 적용시킨 사례로, 조선의 일반법 체제는 대부분 이 《대명률》을 따랐다. 그런데 이를 기반으로 조선의 성격에 맞게 제정한 법률을 담은 《경국대전》이 편찬된 이후에는 같은 사안이 두 군데 모두 규정되어 있으면, 《대명률》이 아닌 《경국대전》을 따르는 것이 일반적이었다. 《대명률》의 조항을 조선의 상황에 적용시켜 개정한 것이 《경국대전》이기 때문에 《경국대전》이 특별법적인 위치를 가졌다.[11]

《경국대전》에는 고문을 위한 신장에 대해 태형이나 장형처럼 형벌을 집행하기 위한 장杖보다는 작은 크기로 규정되어 있다. 태형, 즉 사람을 때리는 형벌을 위해 사용하는 장은 크기나 너비, 두께 등을 더 크게 함으로써, 형으로서의 실효성을 거두려 했다. 이에 비해 신장, 즉 신문을 위한 장은 형벌용이 아니라 아직 범인이 확정되지 않은 용의자를 신문하기 위한 것이므로 자백은 받으면서도 억울한 피해는 없어야 한다는 이념을 담아 형벌용 장보다는 좀 더 작게 만들었다. 오른쪽 그림은 심희기 교수가 《대명률》과 《경국대전》에서 말하고 있는 신장의 차이를 비교하기 위해 그린 그림을 옮겨온 것이다.[12]

《경국대전》에서 신장은 "길이가 3척 3촌인데, 위로는 1척 3촌이고, 둘레의 직경은 7분이다. 아래로는 2척으로 너비는 8분이며 두께는 2분이다(영조척을 사용한다)"[13]라고 규정되어 있다. 영조척(1척당 31센티미터로 환산)으로 환산해 보면, 《경국대전》에서 규정하고 있는 신장의 크기는 102.3센티미터인데, 타격 부위가 62센티미터, 손잡이 부분이 40.3센티미터 정도다. 손잡이 부분의 직경은 2.17센티미터이며, 타격 부위는 조금 넓게 제작하여 두께가 0.62센티미터, 너비가 2.48센티미터였다. 장 치고는 그리 크지 않다는 사실을 알 수 있다.[14] 이 당시 군에서 사용한 곤장은 모두 버드나무로 제작되었고, 형구 역시 버드나무로 만들었기 때문에, 신장도 버드나무로 제작되었을 것으로 추정된다.[15]

신문 과정에서 억울한 죽음이 발생하지 않아야 한다는 이

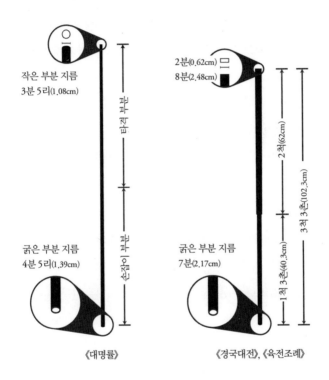

작은 부분 지름
3분 5리(1.08cm)

굵은 부분 지름
4분 5리(1.39cm)

타격 부분

손잡이 부분

《대명률》

2분(0.62cm)
8분(2.48cm)

굵은 부분 지름
7분(2.17cm)

2척(62cm)

1척 3촌(40.3cm)

3척 3촌(102.3cm)

《경국대전》, 《육전조례》

—

신장의 크기

* 심희기, 〈조선시대의 고신〉, 63쪽 그림 재인용.

념은 단순하게 장을 작게 만드는 데에서만 그치지 않았다. 신장으로 타격할 수 있는 신체 부위도 정해져 있었고, 한 번 신문에서 최대한 때릴 수 있는 횟수와, 고문을 사용해서 신문을 할 수 있는 주기도 정해져 있었다. 《대명률》에서는 신장의 지름이 작은 쪽을 활용해서 엉덩이와 넓적다리 부분을 나누어 칠 수 있도록 규정되어 있다. 그러나 《경국대전》은 타격 부위를 엄격하게 규정하여 "하단으로 무릎 아래를 치되, 정강이에는 이르지 못한다"[16]라고 규정했다. 따라서 주로 종아리 부분만 때릴 수 있었다. 엉덩이 부위를 타격하다가 장기 등이 파열되거나 과다출혈 등으로 사망하는 경우가 많았기 때문이다.

《경국대전》에는 고문을 위해 때릴 수 있는 횟수도 정해져 있었다. 종아리 부분만 때리더라도, 한 번 신문할 때 30대 이상 칠 수 없었고[17] 신장을 사용해서 진행하는 신문은 하루 1회로 제한했다. 하루에 한 번, 그리고 그 한 번도 30대 이상을 때리지 못하도록 한 것이다. 또 이렇게 신장을 사용하여 신문하고 나면, 그다음 신장을 사용하는 신문은 3일 뒤에 가능하도록 했다. 3일간 상처가 나을 수 있는 시간을 준 것이다. 적어도 법에서만큼은 고문을 동반한 신문에서 사람이 죽지 않을 최소한의 방법까지 구체적으로 규정한 것이다.

그러나 김태건이나 구운학은 그들 스스로 잘 알고 있었을 것이다. 신문 과정에서 장에 맞아 사망하는 사람이 많고, 이는 결국 규정에 정해진 만큼만 신장이 사용되고 있지 않다는 사실을 말이다. 특히 신장을 사용할 수 있는 복잡한 규정에 비해, 신장을 사용하는 신문의 차수를 제한하지 않는 점도 문제였다. 몇 번이고 자백을 받을 때까지 신문할 수 있었다는 의미였다. 이 때문에 고신의 차수를 기록해 둔 조선 후기 자료인 〈동추고신차수개록성책同推拷訊次數開錄成冊〉[18]에 따르면, 살인사건의 경우 수십 차에서 몇 백 차까지 신문이 이루어지기도 했다. 심지어 어떤 경우는 단기일에 많은 차수가 진행되기도 했는데, 이를 보아 하루에 한 차례, 그리고 신장이 사용되는 신문의 날짜 간격을 정해 둔 규정들이 무색했음을 알 수 있다.

살인사건의 경우 가혹한 고문을 동반한 신문이 이루어졌으리라는 것은 누구나 쉽게 짐작할 수 있다. 의심이 짙어져서 확신이 되면, 신문자 입장에서는 원하는 답이 나오기 전까지 모든 진술은 거짓으로 간주하기 마련이다. 이것은 결국 신장을 사용하는 강도를 더욱 세게 하는 결과로 이어졌을 것이다. 게다가 신장만 사용했다면 그나마 다행이지만, 주리를 비롯한 잔혹한 고문 방법들이 함께 동원되었을 가능성도 크다. 김태건과 구운학에 대한 안음현감의 의심은 이 둘을 감당하기 힘든 신문대 앞으로 밀어 넣었을 것이다. 이제 김태건과 구운학은 어떻게 하든 이 사건을 도적 떼의 소행으로 증명해야 이 상황에서 빠져 나올 수 있었다. 그러나 그 증명 과정 자체가 안음현감에게는 거짓 진술로 간주되었기 때문에 증명하려 하면 할수록 신장의 강도는 더욱더 세졌을 것이다.

6
첫 번째 피의자 신문

김태건이 먼저 신문장에 불려 나왔다. 그는 자기 주위를 감싸고 있는 신장과 형구들을 보면서 무언가 잘못 진행되고 있다는 느낌을 받았을 것이다. 기찰군관의 업무 성격상 형구들과 가까울 수밖에 없기 때문에 그것이 어떤 고통을 주는지 누구보다 잘 알고 있었다. 지금까지는 주로 집행자의 위치였으나, 오늘은 자신이 형구 앞에 무릎을 꿇거나 혹은 형틀에 묶이는 상황에 처했으니 그 공포는 누구보다 컸을 것이다. 이는 뒤에 불려 나온 구운학 역시 마찬가지였으리라.

안음현청은 현감의 호통 소리와 김태건·구운학의 비명 소리, 그리고 신장이 살과 맞닿으면서 터지는 소리로 가득 찼을 것이다. 《경국대전》의 규정을 준용해 종아리 부분을 치려면 눕혀 놓든지, 아니면 십자틀과 같은 형구에 묶어야 했다. 김태건이나 구운학은 귀 뒷전으로 바람을 가르는 신장의 소리를 듣는 순간, 종아리가 터져 나가면서 뼛속까지 치밀어 오르는 고통에 몸서리를 쳐야만 했다. 신장으로 때리는 횟수가 늘면 늘수록 종아리 부위는 피가 낭자했을 것이고, 그 순간 나졸들은 잿가루를 뿌려 대면서 피의 흔적을 감추려 했을 것이다.[1]

안음현감은 자신이 의심하는 대목들을 조목조목 묻고, 원하는 답이 나오지 않으면 나졸들로 하여금 더욱 강하게 칠 것을 주문했을 것이다. 그는 자신의 경험상 처음에 강하게 다루지 않으면, 쉽게 자백하지 않는다는 사실을 잘 알고 있었다. 마침내 두 기찰군관은 자신의 말 한마디 한마디가 자기 생명과 직결되어 있다는 사실을 깨닫게 되었을 것이다. 살인 용의자를 향해 휘두르던 신장이 자기 종아리에 와 닿는 순간, 자신들의 생은 이제 끝일 수도 있겠다는 생각을 할 수밖에 없었을 것이다. 이제 김태건과 구운학은 더 이상 운명 공동체가 아니었다. 각각 자신만이라도 살 길을 도모해야 했다.

김태건_
구운학이 의심스럽다

신문을 통해 그들의 입에서 터져 나온 진술은 충격적이었다. 안음현감은 자신의 생각이 틀리지 않았다는 사실을 첫 번째 신문에서 바로 증명해 냈다. 먼저 불려 나온 김태건의 진술에 따르면 6월 15일 김한평과 김동학이 관령을 받아 고현면으로 왔고, 거기에서 김태건은 이 둘을 만났다. 명을석은 체포하지 못했고, 북리면에서 김해창을 놓친 것도 사실이었다. 그래서 도기찰이 도적을 체포하지 못한 점에 대해 함께 현청에 가서 그 연유를 보고하자고 해서, 현청으로 돌아오는 상황까지는 기존 진술과 다르지 않았다. 그런데 이후 이들의 진술은 안음현감의 의심이 확신이 되게 했다.

김태건의 진술에 따르면 일행이 장수사 뒤에 있는 무주동 입구에 이르렀을 무렵, 자신은 소변을 보기 위해 일행들로부터 뒤로 약 10보쯤 떨어져 있었다. 그런데 멀리서 보니 김동학이 갑자기 손에 돌덩이를 들고 구운학을 때리려고 했다. 그러자 김한평이 김동학을 잡아 이를 말렸는데, 이 과정에서 김한평도 그 싸움 속으로 말려들어가 세 명이 엉켜 싸우는 모양새가 되었다. 소변을 보고 있었기 때문에 김태건은 엉거주춤 서서 그 상황을 지켜보기만 했는데, 갑자기 김한평이 땅에 엎어졌다. 그러자 구운학이 김태건에게 "도기찰이 이미 죽었다"라고 소리쳤고, 이 말을 듣고 급히 달려가 보니 도기찰은 목 부분이 칼에 찔린 상태였다. 주위가 순식간에 피로 물들면서 김한평이 죽어 가고 있었다. 상황이 다급해지자, 구운학은 김태건에게 다음과 같이 말했다고 했다.

비록 도적을 만난 것은 아니지만 도기찰이 이미 죽어 버렸으니, 도적에 의해 살해된 것처럼 너와 내가 용추암과 장수사에 들어가 우선 승병을 동원해 도적을 잡아 달라 수선 떨고, 그대로 관가에 들어가 도적으로 인해 변고가 있었다고 보고하면 함께 살인을 저질렀다는 의심을 면할 수 있을 것이다.

김태건의 진술에 따르면 김한평은 구운학과 김동학이 엉켜 있는 상황에서 두 사람 가운데 한 사람에 의해 칼에 찔린 것이었다. 이는 김한평의 사망이 구운학이나 김동학 두 사람 가운데 한 사람에 의해 일어났다는 의미가 된다. 당시 함께 엉켜 있었던 김동학은 갑작스러운 상황에 놀라 도망친 듯하고, 구운학은 이 상황을 수습하기 위해 도적 떼에 의해 이러한 일이 일어난 것처럼 꾸며서 보고하자고 김태건에게 제안했다는 것이다. 김태건은 구운학의 말을 듣고, 급한 마음에 그렇게 하기로 했다는 진술까지 덧붙였다. 그런데 돌이켜 보니 자신도 구운학의 간사한 모략에 빠진 것 같다면서, 잘 조사해서 처리해 달라고 청했다. 공모 내용에 대해 의심을 받기 시작하자 공모한 사람들이 서로 다른 이야기를 하게 되는 이른바 '죄수의 딜레마'에 빠지기 시작하는 시점이었다.

김태건의 진술에 따르면 김한평은 김동학이나 구운학에 의해 우발적으로 죽었다. 그런데 도망친 김동학이 왜 10여 리나 떨어진 곳에서 죽음에 이르렀는지는 잘 설명되지 않았다. 그럼에도 김태건의 진술은 구운학을 용의선상에 올려 놓게 했다. 이제 구운학은 동료들이 죽을 수 있는 상황임에도 그들을 버려 두고 도망친 파렴치범을 넘어, 살인사건 용의자가 되었다. 이렇게 되면서 다음으로 불려 나온 구운학에 대한 신문은 더 가혹해졌을 것이다. 구운학은 이제 자신이 범인이 아님을 증명해야 하기 때문에 그도 김태건을 용의선상에 올려야 했다.

구운학_
김태건의 소행을 보았다

구운학의 진술 역시 6월 15일부터 사건 당일인 18일 수망령 아래 무주동에 이르는 데까지는 김태건의 진술과 일치했다. 북리면 기찰인 자신이 안음현 관아로 오게 된 이유도 김태건이 진술한 것처럼 도기찰의 요청에 따른 것이었다. 그런데 살인사건이 일어난 연유에 대해서는 김태건의 진술과 차이가 있었다. 구운학의 진술에 따르면, 무주동 입구에 이르렀을 무렵 김동학이 갑자기 미친 증세를 보이더니, 김한평과 서로 말다툼을 시작했다. 사건의 발단은 김동학의 광증이었다는 말이다.

도기찰과 그를 보좌하던 사후가 말다툼을 하자, 구운학은 이를 말리려 했다. 그러자 김동학이 갑자기 돌덩어리를 들어 자신(구운학)의 두 눈썹 사이를 내리쳤고, 그는 그대로 땅에 쓰러졌다고 했다. 쓰러진 상태에서도 구운학이 보니 김한평과 김동학의 싸움은 계속 이어졌고, 결국 김태건까지 나서서 이들을 말리게 되었다. 상황이 이렇게 전개되자, 구운학은 일단 사람들에게 도움을 청해야겠다고 생각했다. 그래서 김태건을 두고 급히 그 자리를 빠져 나와 수망촌으로 향했다는 것이다. 그런데 안타깝게도 수망촌에는 남자 장정들이 한 명도 없었고 여자들만 몇 명 있었다고 했다.

구운학이 어쩔 수 없이 오던 길로 되돌아가니, 김태건이 수망촌을 향해 걸어오고 있었다. 구운학을 본 김태건은 급하게 "도기찰과 사후의 싸움을 말릴 도리가 없으니, 너(구운학)와 함께 장수사에 들어가 승군을 청해 힘을 모아 싸움을 말리는 것 외에는 다른 방법이 없겠다"라고 말했다는 것이다. 이 말을 들은 구운학은 김태건과 함께 도기찰과 사후가 싸우던 장소로 돌아갔는데, 이미 그때는 김한평이 땅에 엎어져 있었다. 온몸에서 피가 흘러 현장은 피로 낭자했다. 살펴보니 칼에 찔린 목 부분에서 계속 피가 흘러나오고 있었다. 그러나 이때까지도 김한평은 한 가닥 숨이 붙어 있었는데, 김동학은 어디로 갔는지 찾을 수가 없었다. 구운학은 그 상황을 보고 정황상 김동학이 칼로 김한평을 찌르고 도망한 것으로 짐작했다.

구운학의 진술은 이어졌다. 상황이 급해지자 구운학은 김태건과 함께 용추암과 장수사에 들어가 승군을 징발해 달라고 요청하기로 했다. 장수사에 가니 마침 승려 한 명이 "미친 것 같기도 하고 약간 모자란 것 같기도 한 어떤 사람이 조금 전에 절문을 지나갔다"라고 알려 주었다. 이 와중에 구운학이 보니 장수사 승려 한 명이 구타당한 머리를 싸매고 있었다. 어찌된 연유인지 묻기도 전에 그 승려가 구운학에게 "지나가던 한 미친놈에게 이렇게 구타를 당했다"고 말했다는 것이다. 구운학은 그 미친 사람이 김동학이라고 생각했는데, 그 승려는 그(김동학으로 추정되는 사람)가 어디로 갔는지 알 수 없다고 말했다. 구운학의 진술은 두 사람의 죽음은 결국 두 사람이 싸우다가 시작된 것이며, 자신은 김한평의 죽음에 관여하지 않았다는 것이다.

구운학의 진술에 따르면, 이와 같은 상황이 잘못하면 자신들에게 살인 혐의가 돌아올 수 있겠다는 생각을 먼저 한 것은 김태건이었다. 이 상황을 도적 떼가 습격해 발생한 것으로 보고하자는 제안이 김태건의 입에서 먼저 나왔다는 구운학의 진술이 이어졌다. 김태건이 자신(구운학)에게 "이 상황이 도적을 만난 것은 아니지만, 반드시 도기찰이 도적을 만나 죽은 것처럼 관아에 고해야 너와 내가 함께 이들을 죽였다는 의심을 면할 수 있다"라고 말했다는 것이다. 구운학은 김태건의 이러한 제안 때문에 18일 동헌에 뛰어들어서 도적 떼를 만났다고 보고했다는 것이다. 구운학은 거짓보고의 책임을 김태건에게 돌리고 있었다.

그런데 신문이 좀 더 진행되자, 구운학은 의심을 넘어선 진술들을 내놓기 시작했다. 자신이 곰곰이 그 상황을 다시 더듬어 보니, 이 사건은 모두 김태건의 짓일 수도 있겠다는 것이었다. 처음에는 싸움이 김한평과 김동학 사이에서 일어난 것이었기 때문에, 김동학이 김한평을 죽인 것으로 생각했었다. 그런데 가만히 생각해 보니 김태건을 그 용의선상에서 완전히 배제할 수는 없겠다는 것이었다. 구운학이 보기에 김태건이 김한평을 죽였어도 이상할 게 없는 상황이었다는 주장이었다. 이렇게 주장하던 과정에서 구운학은 아예 한술 더 떠, 김동학이 참나무 몽둥이로 난타당해 치명적인 상태가 된 것을 자신이 보았다고 진술했다. 그러면서 최소한 칼에 맞은 김한평이 김동학을 몽둥이로 난타할 수는 없으니, 이건 김태건의 소행일 가능성이 크다고 진술했다.

구운학의 진술은 왜 이렇게 바뀐 것일까. 이미 김태건의 진술을 계기로 김태건과 구운학을 모두 용의선상에 올려 놓은 안음현감은 구운학에게 살인에 대한 자백을 강요하면서 고문의 강도를 강화했을 가능성이 크다. 게다가 안음현감의 신문 가운데서 김태건이 자신을 용의선상에 올렸다는 사실을 흘렸을 수도 있다. 용의자들을 갈라 놓기 위한 신문의 한 방법이었다. 고문과 김태건에 대한 의심으로 구운학은 김태건이 김동학을 몽둥이로 난타했다고 진술한 것 같다. 실제 김태건이 김동학을 몽둥이로 때리는 것을 보았다는 진술은 이미 앞에서 나온 진술과도 차이가 있다. 김태건은 진범으로 구운학을 지목하고, 구운학은 김태건을 지목하는 상황이 발생했다. 서로 죄수의 딜레마에 빠지는 상황을 만들고 있다.

안심_
도적 떼는 아니었다

안음현감 심전의 첫 번째 신문은 매우 성공적이었다. 일단 이 사건이 도적 떼에 의한 살인사건은 아니라고 정리할 수 있게 되었다. 안 그래도 '기질이 억세다'는 평가를 받고 있던 안음현에서 도적 떼가 기찰군관들을 살해하는 사건이 발생했다면, 지역 민심이나 조정의 따가운 시선은 상상하기도 싫은 상황이 될 수 있었다. 게다가 도적 떼가 발호해서 기찰군관을 죽였다면, 이는 군 조직인 진영장에게 보고하거나 혹 도적 떼를 잡기 위해 파견되어 있는 군 조직인 토포사가 있었다면 그쪽으로 먼저 보고를 올려야 했다. 그리고 도적 떼 소탕 작전에 담당 지방관으로서 군사를 모아 참여해야 했다.

그러나 도적 떼가 소탕되어도, 안음현감의 안위는 지금과 같을 수 없었다. 범죄가 일어나지 않도록 도덕적 교화를 통해 지역을 다스려야 하는 조선시대 지방관들에게는 그 지역에서 도적 떼가 발호했다는 사실만으로도 그 지역을 잘 다스리지 못했다는 증거가 되기 때문이었다. 안음현감의 의심과 강한 신문은 어쩌면 이러한 이유에서 이루어졌을 가능성이 크고, 만약 그랬다면 안음현감은 자신이 목적한 바를 첫 번째 신문에서 바로 이루어 낸 셈이었다.

이제 안음현감은 일반 살인사건에 준해 범인만 밝혀 내면 될 일이었다. 도적 떼가 관계되어 있는 대형 사건에서 네 사람만이 연루된 일반 살인사건으로 규모가 축소되었다. 물론 살인사건도 인사평가에 좋지 않은 영향을 미치기는 하겠지만, 도적 떼의 발호보다는 훨씬 나은 상황이었다. 김태건과 구운학이 서로에게 혐의를 떠미는 상황이기는 하지만, 당시로는 김태건과 구운학 모두에게 혐의가 갈 수밖에 없는 상황이었다. 그리고 이 문제는 조금 더 강도 높은 조사가 이루어지면 충분히 밝혀 낼 수 있는 상황으로 보였다. 안음현감 심전의 마음은 한결 가벼워졌다.

앞으로의 전개 상황을 좀 더 잘 이해하기 위해 첫 번째 신문 내용에 따른 두 사람의 진술을 간략하게 정리해 볼 필요가 있을 것 같다. 사건의 발단은 어찌된 연유인지는 알 수 없지만 김한평과 김동학의 싸움으로 시작된 것 같다. 김태건의 진술에 따르면 김동학이 구운학을 돌로 치려 했고, 이를 김한평이 말리는 과정에서 싸움이 커져 갔다. 이와 달리 구운학의 진술에 따르면 김동학이 갑자기 광증이 일어 김한평을 치려 했고 이 과정에서 자신도 돌로 맞았다. 모두 김동학이 싸움을 시작했고, 나머지 세 사람은 그 싸움의 소용돌이에 휘말려 들어갔다. 각자가 서로를 용의자로 지목하는 상황이었다.

그럼에도 의문은 남아 있었다. 우선 친인척 간인 김한평과 김동학이 왜 다투었는가 하는 부분이다. 진술들을 종합해 보면 당시 뇌물로 받은 1냥 5전은 김동학이 가지고 있었으므로, 이는 김한평이 가지고 있는 것이나 다름없었다. 그런데 이 둘의 다툼이 있었다면, 그들 사이에 친척 간으로 그리고 도기찰과 그를 보좌하던 사후의 관계로 놓여 있던 그들의 연대가 어떠한 계기로 깨어졌을 가능성이 높다. 그런데 이 두 사람의 다툼 원인은 기록으로 남아 있지 않아 추정하기 힘들다. 더불어 김태건의 증언에 따르면 김동학이 어떻게 죽었는지 밝혀지지 않은 상황이며, 구운학의 증언에 따르면 김태건이나 김동학이 김한평을 칼로 죽였는데, 왜 김태건이 김동학을 참나무 몽둥이로 난타한 것인지 이해되지 않는다. 안음현감은 첫 번째 신문 전에 진행한 초검 결과를 꼼꼼히 떠올리면서 이들의 진술을 다시 더듬어 볼 필요가 있었다.

7
두 번째 피의자 신문

이제 이 사건은 도적 떼에 의한 것이 아니라, 네 명 가운데
살아남은 두 명이 합심해서 살인을 했거나, 아니면 살아남은
두 명 가운데 한 명이 죽이고 또 다른 한 명이 동조한 것으로
가닥이 잡혀 갔다. 아무리 좋게 해석해도, 둘 중 한 명은 살
인범이고 나머지 한 명은 공범이었다. 안음현감은 두 번째
신문을 통해 이런 추론을 확인해야 했다. 첫 번째 신문이 주
로 사건의 정황을 파악하고 살인 혐의자의 범위를 좁히는 과
정이었다면, 두 번째 신문은 구체적으로 범인을 확정하고 자
백까지 받아 내는 것이 목적이었다. 물론 김태건과 구운학의

진술을 통해서도 여전히 해결되지 않은 문제들이 남아 있었지만, 이 문제들은 만약 이 둘이 합심해서 살인했다고 가정하면 바로 풀리는 문제들이기도 했다. 안음현감은 김태건과 구운학에 대한 의심을 확신 쪽으로 옮기기 시작했다. 이제는 이들의 자백만이 답이었다.

안음현감 심전은 첫 번째 신문을 마치고 얼마 뒤[1] 이들에 대한 두 번째 신문을 진행했다. 첫 번째 신문에서 서로 죄수의 딜레마에 빠진 상황이기 때문에 두 번째 신문은 자신만 살기 위한 진술들이 연이어 터져 나올 가능성도 컸다.

김태건_
모의는 했지만 찌른 것은 구운학

초동수사 과정에서 이루어지는 두 번째 신문이 시작되었다. 신문의 과정이나 내용에 대한 기록이 없어, 두 번째 신문은 두 사람을 함께 진행했는지, 아니면 따로 했는지 알 수 없다. 첫 번째 신문은 그 정황상 따로 신문했을 가능성이 높다. 그러나 두 번째 신문은 효율적인 자백을 위해 이 둘을 함께 신문했을 수도 있다. 일반적으로 주범과 공범을 함께 신문하는 경우도 많기 때문이다. 김태건과 구운학은 이미 서로 상대를 용의자로 지목하는 진술을 내놓은 상태였으므로 안음현감 심전에게는 둘 다 살인 용의자였다. 따라서 이 두 사람에 대한 신문은 첫 번째 신문에서 행한 고문 수준을 넘어섰을 가능성이 높다.

신문의 강도가 점점 강해지자, 김태건과 구운학은 각각 자기 관여도를 최소화하는 선에서 거의 자백에 가까운 진술들을 내놓기 시작했다. 김태건의 진술이 먼저 나왔다. 그는 구운학과 함께 도기찰을 해치기로 모의했다고 자백했다. 다만 자신이 직접 김한평을 죽이지는 않았다는 점을 분명히 했다. 자신은 모의만 했고, 실제 이를 실행해서 김한평을 죽음으로 몰고 간 사람은 구운학이었다고 주장했다.

저는 구운학과 더불어 도기찰을 해칠 것을 모의했지만, 도기찰의 목 부분에 난 칼자국은 진실로 구운학의 소행입니다. 제가 흉악한 행위를 목도하였으니, 어찌 감히 밝은 해 아래에서 사실을 숨길 수 있겠습니까? 그가 수망령으로 돌아가서 마을 사람들을 데려와서 힘을 합해 싸움을 말리고자 했다는 사실은 그야말로 낫으로 눈을 가리는 것입니다. 사후(김동학)에 대한 타살건도 자기가 한 것인데, 그것을 구운학이 스스로 밝힐 수는 없었을 것입니다. 조사해서 처리해 주십시오.

김태건의 입장에서는 살인죄만이라도 면해야 할 판이었다. 김한평의 목 부분에 난 칼자국을 구운학의 소행이라고 주장한 이유였다. 김태건은 자신이 직접 그 흉악한 행위를 목도했다고 진술함으로써, 구운학이 빠져 나갈 수 있는 길을 주지 않으려 했다.

이쯤 되면 김태건은 첫 번째 신문에서 구운학이 어떻게 진술했는지 이미 알고 있었던 듯하다. 아니면 안음현감이 신문 과정에서 구운학의 진술을 가지고 김태건을 추궁하자 그에 대해 대응한 것일 수도 있다. 이러한 이유에서 김태건은 구운학이 수망령으로 돌아가서 마을 사람들을 데려오려 했다고 진술한 것에 대해 '그야말로 낫으로 눈을 가리는 거짓말'이라고 주장하면서, 그러한 사실 자체를 부정했다. 김태건의 이 진술은 구운학이 첫 번째 신문에서 수망령으로 돌아갔다고 이야기한 것, 그리고 이후 장수사에 들어가서 들었다고 이야기한 것 전부를 부정하는 것이었다. 안음현감 입장에서는 누가 진범인지를 가리기 위해 확인이 필요한 대목이었다.

다만 안음현감이 볼 때 김태건의 진술이 첫 번째 신문 때보다 한 단계 더 자백에 가까워진 것은 사실이었다. 김한평을 칼로 찔러 살해하기로 공모했다는 자백은 살인사건의 동기가 명시적으로 밝혀지는 대목이었다. 첫 번째 신문에서 김태건이 진술한 내용을 종합하면, 김한평의 사망은 우발적인 상황으로, 그 과정에서 구운학이 죽였는지 김동학이 죽였는지 정확치 않았다. 그런데 두 번째 신문에서 김태건은 김한평의 사망 원인인 목 부분에 난 칼자국을 구운학의 소행이라고 주장했다. 그리고 김동학을 죽인 것도 구운학의 짓이라고 진술하면서, 그것을 자신이 직접 목도했다고 주장했다. 그는 자신이 직접 김한평의 사망에 개입하지는 않았다는 선에서 선처를 바랐고, 이를 위해 구운학을 죽음의 길로 몰아 넣고 있었다.

구운학_
살인은 뇌물을 탐낸 김태건의 소행

김태건의 진술에 펄쩍 뛴 것은 구운학이었다. 구운학에게는 이제 더 이상 김태건을 지켜 줘야 할 일도, 그의 안위를 고려해야 할 필요도 없어졌다. 이렇게 되자 구운학은 아예 살인의 직접적 행위자로 정확히 김태건을 지목했다. 구운학의 진술에 따르면 북리면에서는 김한평이 직접 북리면 도장을 만나 김해창을 인계했고, 구운학 본인은 그에 관여하지 않았다. 그는 뇌물도 박상봉이 아니라 김해창이 직접 주었고, 그것을 받은 사람도 김동학이라고 진술했다. 김해창·박상봉의 진술과는 엇갈리는 대목이었다. 그런데 구운학이 보기에 김태건도 이미 이러한 상황을 눈치 채고 있었으며, 그 돈을 김동학이 갖고 있다는 사실도 알고 있었다. 이러한 진술을 토대로 구운학은 살인을 직접 실행한 행위자로 김태건을 지목하고, 그의 단독 범행임을 분명히 했다.

김태건은 사후 김동학이 가지고 있던 돈을 빼앗고자 했습니다. 그런데 김동학이 가지고 있던 돈을 빼앗기 위해서는 반드시 먼저 도기찰 김한평을 죽여야 했습니다. 그래서 고현면 기찰 김태건이 손에 칼을 쥐고서 김한평을 찔렀습니다. 그리고 이후 김태건이 사후 김동학을 죽이는 상황도 제가 목격했습니다. 조사해서 처리하올 줄로 아뢰옵니다.

구운학의 진술은 따로 설명이 필요 없을 정도로 명확하다. 김태건은 김동학이 갖고 있는 1냥 5전의 돈을 탐냈고, 그 돈을 빼앗기 위해서 김한평을 먼저 죽여야 하는 상황이었다. 그래서 칼로 김한평을 죽였고, 당연히 김동학도 죽였다는 것이다. 구운학도 이러한 상황 전체를 직접 목격했다고 진술했다. 구운학의 진술에 따르면 살인사건의 동기는 1냥 5전의 돈이었고, 이를 빼앗기 위해 김태건이 김한평과 김동학을 직접 죽였다는 것이었다.

구운학의 진술은 그가 첫 번째 신문에서 진술한 내용과도 차이가 있다. 첫 번째 신문에서 구운학은 김한평과 김동학의 싸움을 말리는 과정에서 김동학이 내리친 돌로 머리를 맞았고, 그 길로 사람들의 도움을 요청하기 위해 사건 현장을 떠났다고 했다. 그리고 도움 받을 사람들을 구하지 못한 채 돌아오다가 김태건을 만나 도적 떼를 만난 것으로 꾸미자는 제안을 받았다고 했다. 첫 번째 신문의 진술대로라면 구운학은 그 사건 현장을 볼 수 없었는데, 이번에는 아예 그가 그 사실을 모두 목격했다고 진술했다. 김태건을 살인자로 몰기 위해 스스로 목격자를 자처한 것이다.

구운학의 진술은 사실이라기보다, 김태건의 진술에 대한 보복적 성격이 강했다. 각자 서로가 살기 위해 상대방을 죽음으로 밀어 넣는 형국이었고, 이러한 상황을 만들어 낸 것은 신문을 진행한 안음현감이었다. 특히 이와 같은 진술들은 1차 신문보다 훨씬 강화되었을 것으로 추정되는 고문의 결과였다는 점도 고려할 필요가 있다. 그렇지만 어찌되었건 안음현감 입장에서는 개별 자백만 받아 내면 되는 상황으로 치닫고 있었다.

1차 신문에서 안음현감 심전은 도적 떼에 의한 살인사건이 아니라는 점을 확인하는 데 그쳤다면, 두 번째 신문을 통해서는 적어도 두 사람 가운데 하나가 범인이거나 혹은 두 사람 모두 관여했을 가능성이 크다는 사실을 확인했다.

주변인 진술_
짙어지는 살인 혐의

이제 두 사람의 말 가운데 어느 것이 더 신빙성이 높은지를 확인하고, 이를 통해 최종적으로 범인을 확정하는 일이 남았다. 안음현감은 주변인 진술을 통해 김태건과 구운학의 진술을 좀 더 명확하게 비교할 필요가 있었다. 원래 형사사건을 처리할 때 그 이웃과 목격자들을 불러 모아 반복 신문을 한 후 진술 내용을 하나로 모으는 과정들을 거쳐야 했고, 이는 보고서에도 반영되어야 했다. 안음현감 심전은 관련인과 주변인, 목격자 그리고 검시에 참여한 사람들까지 불렀다.

우선 뇌물 문제부터 확인해야 했다. 이를 위해 김해창을 잡아 신문했고, 김해창의 진술을 확인해 줄 수 있는 그의 이종칠촌 숙부 박상봉도 신문했다. 이와 관련된 신문 내용은 기술의 필요성으로 인해 3장에서 다루었기 때문에 여기에서 별도로 정리할 필요는 없을 듯하다. 다만 이 지점에서 안음현감이 중요하게 받아들였을 것으로 추정되는 대목은 바로 김태건과 구운학의 협박으로 뇌물을 내놓았다는 두 사람의 진술이었다. 김해창과 박상봉의 진술에서 일치하고 있는 대목은 뇌물을 바칠 수밖에 없도록 협박한 당사자들이 바로 김태건과 구운학이었다는 사실이다. 안음현감이 보기에 김태건과 구운학은 협박을 통해 김해창과 박상봉이 뇌물을 바치지 않을 수 없도록 강제했고, 그 뇌물이 김한평을 거쳐 김동학에게 있다는 사실도 인정했던 것 같다. 살해 동기가 설득력 있게 만들어졌다.

그다음 확인해야 할 내용은 구운학이 제기한 진술로, 김태건과 구운학이 장수사에 들렀다는 주장이다. 첫 번째 신문에서 구운학은 김태건과 함께 용추암과 장수사에 도움을 청하려 했다고 주장했다. 장수사에 들른 것이 사실이라면, 안음현감도 이들이 어떻게 행동했는지 확인할 필요가 있었다. 안음현감 심전은 용추암의 방두승 임명(31세)과 장수사 화상승 요징(53세)의 호패를 확인하고 이들을 신문했다. 이들에게 확인하고 싶은 내용은 세 가지였다.

첫째는 18일 김한평이 피살된 후 김태건과 구운학이 용추암과 장수사의 여러 승려들에게 두루 '도적을 만났다'고 말했다는 사실, 둘째는 구운학이 진술하기로 '장수사의 한 중이 말하기를 한 미친놈이 막 절문을 지나갔다'라고 했다는데 그것이 사실인지 여부, 그리고 마지막으로 구운학의 진술에 따르면 한 차례 구타를 당해서 머리를 싸맨 중을 보았다고 했고, 그 중이 구운학에게 말하기를 '지나가는 한 미친놈에게 구타를 당했다'고 했다는데 그러한 적이 있는지에 대한 것이었다. 이는 사후 김동학의 행적과 관련된 질문이면서, 동시에 김태건과 구운학의 행동이 자신들의 진술과 일치하는지 확인하려는 것이었다.

먼저 용추암 방두승 임명은 지나간 사람이 있었다는 사실을 확인해 주었다. 그의 진술을 그대로 옮겨 보면 다음과 같다.

저는 이번 달(6월) 18일 신시(오후 3~5시 사이) 암자 담장 밖에서 지나가는 한 사람이 지르는 소리를 한 차례 듣기는 했습니다. 그 사람은 '산사 동구 앞에서 도적 떼에 의한 변고가 있다'라고 말하였습니다. 그래서 이 사실을 즉시 장수사에 알려 절의 여러 승려들과 함께 김한평이 죽은 곳에 가도록 했습니다.

누군가 용추암 앞을 지나면서 도적 떼가 나타났다고 떠들었고, 이 진술로 보아 용추암 방두승은 이미 김한평이 죽은 사실도 알고 있었다. 기존 진술대로 도적 떼가 나타났다는 사실을 김태건과 구운학이 꾸민 것이 맞다면, 이 당시 '도적 떼가 나타났다'라면서 떠들고 다닌 것은 김태건과 구운학이 었을 것이다. 첫 번째 신문에서 진술한 것처럼, 김태건과 구운학이 살인죄를 피하기 위해 마치 도적 떼에 당한 것처럼 해서 승군들을 동원해 달라고 용추암과 장수사를 찾았을 때로 추정된다. 그런데 시간이 신시라는 점은 좀 걸리는 대목이다. 이때쯤이면 김태건과 구운학이 현청에서 사건 보고를하고 있을 때였다. 이렇게 보면 같은 신시라고 해도 3시가 막 시작되는 시점에 그 소리를 들었고, 신시가 끝나갈 시점인 5시가 좀 못 되어 김태건과 구운학이 현청에 이른 것으로 추정된다.

장수사 승려 묘징도 당시 상황에 대해 진술하면서, 도적의 변고는 전해들었을 뿐 실체를 보지 못했다고 말했다. 그의 진술 역시 그대로 옮겨 보면 다음과 같다.

저는 그날(18일) 신시쯤 우리 절(장수사) 승려 가운데 하나
가 갑자기 "지나가는 사람이 도적의 변고를 맞았습니다"
라고 전하는 말을 들었습니다. 이 소식을 듣고 마음속으
로 너무 놀라 즉시 여러 승려들을 보내 상황을 살펴보게

했더니 정말로 김한평이 맞아 죽어 있었습니다. 그래서
즉시 관가에 고했을 따름입니다.

묘징의 이 진술은 안음현감 자신도 직접 확인한 내용이
다. 사건 당일, 김태건과 구운학이 관아에 뛰어들고 얼마 지
나지 않아 바로 장수사 승려가 김한평과 김동학의 죽음을 알
려 온 상황을 고려해 보면, 묘징의 말은 분명한 사실이었다.
그런데 그 역시 그 시간을 신시로 기억하고 있었다. 현청까
지의 거리를 생각하면, 아무리 늦어도 신시가 막 시작되는 3
시 정도였을 것으로 보인다. 이렇게 보면 사건은 대략 2~3시
쯤 발생했고, 현청에 보고한 시간은 대략 4시에서 5시 사이
였을 것으로 추정된다.

그런데 이 진술 뒤로 묘징은 구운학의 주장을 전면 부정했
다. 그는 "절문 밖에 미친 사람이 지나갔다는 말이나 승려 한
명이 미친 사람에게 구타를 당했다는 등의 말에 대해서는 전
혀 들은 적이 없습니다"라고 진술했다. 장수사 승려들은 김
한평이 죽어 있는 사실을 확인했을 뿐, 미친 사람이 지나갔
거나 혹은 그 사람에게 구타당한 사람이 있었다는 주장은 들
은 적이 없었다는 것이다. 이 진술을 통해 안음현감은 구운

학이 자신의 상황을 유리하게 만들기 위해 거짓 진술한 것으로 결론지었다.

결과 보고_
이제 경상 감영의 시간

두 번째 신문에서 김태건은 구운학을 살인자로, 그리고 구운학은 김태건을 살인자로 진술했다. 이 둘은 모두 자신이 공범자로 몰릴 가능성까지 감안하면서도, 오직 살인죄만을 면하기 위해 상대방을 살인자로 규정하고 각자 목격자임을 자처했다. 안음현감은 주범·공범의 문제만 남았을 뿐, 범인은 밝혀진 것이라 생각했다. 안음현감은 김해창과 박상봉의 진술을 통해 김태건과 구운학이 뇌물 수수에 직접 관여했다는 사실을 확인했고, 도적 떼의 이야기나 장수사 승려들이 김동학에게 맞았다는 진술 역시 구운학이 꾸며 낸 것임을 확인했다. 김태건과 구운학은 더 이상 빠져 나갈 수 없는 상황이 되었다. 이제 경상감영으로 보낼 보고서 작성만 남아 있었다.

보고서 작성을 위해 안음현감은 검시에 참여했던 사람들

의 진술도 신문기록으로 남겼다. 참검인들 역시 진술 형식을 통해 자신들의 검시 내용에 대해 증언했다. 호장 하용래(37세), 기관 이시무(43세), 장교 유응준(20세), 의생 최치홍(20세), 형방 정흥집(26세), 오작 양인 하순걸(40세), 절린 정귀봉(50세), 권농 변옥경(50세) 등의 호패를 확인하고 그들이 본 결과들을 소상하게 아뢰게 했다. 모든 참검인들은 다음과 같이 일관되게 진술했다.

지금 여기 죽은 사람 김한평과 김동학의 시신을 초검(첫 번째 검험)할 때 저희들이 각각 검험에 참여했습니다. 김한평의 시신은 그 실질적인 사인이 칼에 맞은 것이고, 김동학의 시신은 실질적인 사인이 맞아 죽은 게 확실합니다. 조사해서 처리해야 할 일입니다.

안음현감은 초검 결과인 〈시장〉을 바탕으로 〈초검발사〉를 작성하고, 두 차례에 걸친 혐의자들에 대한 신문과 주변인 진술 등을 모아 전체 살인사건 관련 보고서를 작성했다. 안음현 살인사건에 대한 지역 수령의 일차 조사는 끝났고, 이제부터는 감사(관찰사)의 시간으로 넘어가는 순간이었다.[2]

살인사건은 최종적으로 왕에게까지 보고가 되어야 하기 때문에, 이 사건 전체를 지휘하고 그 결과를 왕에게 보고해야 하는 사람은 각 도의 감사였다. 이 때문에 경상도를 책임지던 경상감사에게도 1차 조사 결과를 바탕으로 그 조사의 신뢰도를 더하고, 행여 조사 과정에서 억울한 죽음이 발생하지 않도록 해야 하는 2차 책임이 주어져 있었다. 검시를 한 번 더 하는 복검과 동추 그리고 고복의 과정은 이제 경상감사가 맡아서 지휘하고 책임져야 하는 사안이었다.

안음현감 심전은 재검(두 번째 검시)을 해야 할 복검관으로 함양부사 김주익을 청했다. 함양부사는 안음현감이 복검관으로 청하기는 했지만, 이는 효율성 때문이지 원칙적으로 안음현감에게 그 권한이 주어져 있는 것은 아니었다. 음력 6월의 날씨는 시신의 부패 속도를 당기기 때문에 일단 경상감영에 통보하면서, 바로 함양부사에게도 복검을 요청했다. 경상감사 입장에서도 특별한 사정이 없으면 바로 옆에 있는 군현의 지방관을 파견하는 것이 효율적이었다. 안음현감에게는 복검관이 와서 시신을 검시할 수 있도록 지원하고, 이후 그 검시 내용을 기반으로 함께 범인을 다시 신문하는 동추 과정이 남아 있었다.

8
복검과 동추

경상감사 조재호는 안음현감으로부터 초검 결과와 1차 수사 결과를 받고, "복검하여 고증하도록 〈시장屍帳〉을 받자와 올리라"는 공문을 보냈다. 앞 장에서 본 것처럼, 안음현감은 함양부사 김주익에게 복검을 요청했다. 함양부는 안음현의 바로 이웃 고을로, 특히 오랫동안 안음현이 함양부에 편입되어 있었다. 이 때문에 함양부에서도 안음현의 사정을 잘 알고 있을 터였으며, 거리 역시 다른 곳에서 오는 것보다 가까웠다. 함양부사 김주익은 안음현감으로부터 복검에 참여해 달라는 공문을 받고 바로 검안에 참여할 참검인들을 대동하여 안음현으로 달려갔다.

안음현감의 요청에 의한 것이었지만, 복검에 대한 지휘와 보고 계통은 경상감영이었다. 이 때문에 함양부사 김주익은 안음현감으로부터 기본적인 상황만 전달받지, 조사 결과를 미리 확인하거나 자세한 검시 내용을 들을 수는 없었다. 복검관이 초검과 동일한 방식으로 검시를 하고 그 결과를 제출하면, 이를 맞추어 보는 것은 경상감영의 몫이었다.

복검의 이념

복검은 살인사건을 대하는 조선의 철학이 잘 드러나 있는 절차다. 검시를 최소 두 번 이상 진행함으로써, 사인을 교차 확인하려 한 제도다. 이를 통해 조사의 객관성을 확보하고, 한 차례의 검시만으로는 놓칠 수 있는 단서들을 찾을 수 있도록 했다. 복검은 세종 때부터 왕명으로 시행한 절차로, 이후 조선시대 살인사건 조사의 원칙이 되었다.

《세종실록》24년 2월 27일 자를 보면, 서울의 경우 초검관은 각 부서의 관리가 맡고 지역에서는 소재지 수령이 하도록 규정했다. 복검관은 서울의 경우 한성부 관리, 지역의 경우 인근 지역 수령이 하도록 규정하고 있다.[1] 복검은 초검관과 대등한 급의 관료가 하게 함으로써, 독립성을 보장하려 했다. 더욱 중요한 것은 그냥 하도록 한 게 아니라 "인근 관리가 만약 본관의 통첩을 받았을 때에는 급속히 가서 검험하는 것을 변치 않는 규약으로 삼는다"[2]라는 말처럼, 빠른 검시를 통해 가장 합리적인 결론에 도달할 수 있도록 했다.

특히 복검은 검시를 두 번'만' 하라는 규정이 아니라, 최소 두 번 이상은 '해야 한다'는 규정이다. 관할 지역 수령의 최초 조사와 대등한 위치에 있는 인근 지역 수령의 2차 조사 결과가 동일해야 객관적인 조사가 이루어졌다고 판단할 수 있었다. 이 때문에 초검과 복검의 결론에 차이가 있거나 검시 결과가 정확하지 않다고 판단되면, 감영에서 또 다른 검시관이나 차사원을 선임해 보냈다. 따라서 조사가 행여 부적합하다고 판단되면 복검 과정이 2~3차례 더 진행되는 경우도 있었다. 그만큼 조선시대 관리들은 사인을 정확하게 밝혀내기 위해 신중에 신중을 더해 검시를 진행해야 했다. 특히 이렇게 초동수사 과정에서 진행한 1차 검시 결과와 복검을 통해서 나온 2차 검시 결과는 최종적으로 감사가 보고서로 작성하여 조정에까지 올려야 하기 때문에, 경상감사로서는 절차적 정당성을 확보하고 검시 결과에 대한 다른 해석 가능성을 최대한 없애야 했다.

김한평과 김동학에 대한 복검 과정과 그 결과는 기록으로 남아 있지 않다. 그렇지만 복검의 원칙과 일반적 과정을 이해하면, 함양부사 김주익이 어떻게 복검을 진행했을지 짐작하는 것은 그리 어렵지 않다. 사실 복검의 특별한 원칙이란 존재하지 않는다. 가장 중요한 하나의 원칙이 있다면 그것은 '초검처럼 검험한다'는 것이다. 복검관은 초검관에게서 기초적인 내용 외에는 검시 관련 어떤 정보도 전달받지 않고서[3] 그야말로 '초검처럼' 검시에 임해야 했다. 복검을 위해 달려간 함양부사 역시 초검관과 유사한 수준에서 참검인들을 구성하고 관련 서류들을 준비했을 것이다. 형방과 오작인, 율관, 의생 등 검험 전문 인력들을 중심으로 함께 검시를 해야 했다. 《신주무원록》에서 제시한 지침에 따라 검시를 진행하고, 그 결과를 〈검시장식〉에 기록하고 이를 기반으로 검안을 만들어 경상감영으로 보냈을 것이다.

기록에는 없지만, 경상감사 조재호의 보고서에서 언급된 내용을 보면 복검의 결과는 초검과 크게 다르지 않은 듯하다. 만약 복검 결과에 문제가 있거나 그 내용에 차이가 있었다면 경상감사는 다른 검험관을 지정하여 세 번째 검험을 실시하도록 해야 했다. 그렇지 않았다는 것은 실질적인 사인과 〈시장〉에 기록된 검시 내용이 거의 일치했기 때문이며, 경상감사 역시 초검 결과를 공식적으로 인정한 것 같다. 조정에 올리는 보고서에 초검 결과만 있고, 복검 결과가 기록되지 않은 것도 이러한 이유였을 것이다. 다만 복검의 절차가 이루어졌다는 사실은 보고서를 통해 분명하게 밝히고 있는데, 이는 절차적 정당성에 대한 기술로 볼 수 있다. 복검에 관한 사안은 복검관인 함양부사 김주익이 올린 보고서의 최종 결론 부분에만 인용되고 있는데, 그 내용을 살펴보면 다음과 같다.

안음현감의 공문에 의거해서 제가 참검인들을 직접 거느리고 안음현 김한평의 정시처에 이르러 전례에 따라 여러 사항들을 검시했습니다. 상처의 모양과 참검인들 각각의 진술이 한결같이 실제 사인은 칼을 맞고 구타당해서 죽은 것이 확실하다고 합니다. 김한평과 김동학의 시신에 대해 〈시장〉을 적어 올립니다.

함양부사 김주익 역시 상세하게 〈시장〉을 작성하고, 이를 경상감영에 올렸다. 경상감사 입장에서는 안음현감 심전이 올린 〈시장〉과 함양부사 김주익이 올린 〈시장〉을 하나하나 상세하게 대조하고 확인했을 것이다. 김주익은 참검인들과 함께 전례에 따라 검시한 결과 칼과 구타에 의한 죽음이 확실하다고 결론지었고, 경상감사 역시 그 결론을 받아들였다.

죽은 사람의 억울함을 풀어 주기 위한 국가의 노력은 우선 검시를 통해 그들의 사인을 정확하게 밝히는 것이었다. 이러한 측면에서 보면 사인이 특정되었고, 경상감영에서도 더 이상의 검시는 불필요하다고 판단한 것 같다. 이제 범인만 잡아서 처벌하면 죽은 이의 억울함을 풀어 주려는 국가의 노력은 그 끝을 향해 갈 수 있었다.

동추의 이념

범인을 확정하는 단계 역시 제2의 억울한 피해자를 만들지 않기 위해 신중에 신중을 기해야 했다. 범인이 잘못 특정되거나 모함으로 살인 누명을 쓴다면 또 다른 억울한 죽음을 만들 수 있기 때문이다. 이러한 이유에서 검시를 두 번 이상 하도록 한 것처럼, 신문을 통해 범인을 확정하는 과정도 몇 단계의 절차를 통해 객관성과 정당성을 확보하려 했다. 복검제도가 죽은 이의 억울함을 낱낱이 밝히는 일이었다면, 동추同推에서 고복考覆으로 이어지는 신문절차는 살인사건 조사 과정에서 억울한 죽음을 만들지 않기 위한 조치였다.

안음현감 심전은 초동수사의 일환으로 구운학과 김태건을 두 번 신문했고 결국 범행을 자백받아 냈다. 그러나 이로써 사건을 종결하고 형을 집행할 수 없었다. 사형을 비롯한 중형에 대해서는 군현 단위의 지방관이 직접 처결할 수 없는 규정 때문이었다. 경우에 따라서 감사가 직접 처결할 수 있는 중형도 있었고, 반드시 왕명을 받아 처결해야 하는 것도 있었다.[4] 그런데 이렇게 직단, 즉 직접 판결을 못하도록 하는 형의 경우에는 그 신문보고서가 형량을 결정하는 중요한 근거가 되었다. 이 때문에, 군현 단위 지방관 혼자 신문한 결과 보고서만으로는 그 결과의 객관성과 정당성을 확보하기 어려웠다. '동추'라는 신문 단계가 필요한 이유였다.

동추는 일반인에게는 잘 알려져 있지 않은 조선의 형사절차 가운데 하나다. 조선시대에는 형사사건을 심리할 때 동추는 복검만큼이나 중요했다. 동추란 중형, 특히 곤장으로 때리는 장형 이상의 형이 예상되는 범죄에 대해서는 반드시 관리 두 명이 '함께 신문[同推]'하도록 규정된 제도였다. 매질에 해당하는 태형 정도의 가벼운 형벌은 군현 단위의 지방관이 직접 판결하고 형량을 결정해서 집행할 수 있었지만, 사람의 목숨에 위해를 가할 수 있거나, 신분이 일시 정지되고 노동형에 준하는 벌을 일정 기간 받아야 하는 도형이나 지역 공동체에서 완전하게 추방되는 유배형 등에 대해서는 군현 단위 지방관 재량만으로 판결하고 처결해서는 안 되었다. 범인을 확정하는 과정에서 반드시 그 사건에 대한 선입견을 갖지 않는 관리가 함께 신문함으로써, 신문의 객관성을 확보하고 자칫 억울한 사람을 범인으로 규정할 가능성을 낮추려 했다.

이러한 이유에서 동추는 반드시 회기를 정해 진행해야 하는 강제 사안이었다. 조선 초기에는 중앙과 지방을 막론하고 한 달에 여섯 차례 동추를 진행하게 했다. 지방관(서울은 한성부 낭관 등의 관료) 2명이 모이는 기일을 잡아 지역을 돌면서 함께 중범들을 신문하도록 했다. 그런데 영조 대에 이르면서 중앙과 달리 지방에서는 동추의 횟수를 줄여야 한다는 주장이 일어났다. 중앙의 경우에는 거리도 짧고 인구도 많기 때문에 6차례의 동추를 행하는 것에 큰 문제가 없었고, 동추를 해야 할 사건들도 많았다.

그러나 지방에서는 도내 다른 지역의 수령들이 동추관으로 참여해야 하기 때문에 만약 여섯 차례의 동추를 한 사람이 모두 맡으면, 동추관으로 임명된 수령은 계속 다른 지역으로 움직일 수밖에 없었다. 이 경우 한 달 내내 자기 지역을 비울 수밖에 없고, 이는 관할 지역의 행정 공백을 불러올 수밖에 없었다. 이렇게 되자 영조는 지방에 대해서만 한 달에 세 번 시행하는 것으로 결정을 했고, 너무 먼 거리는 한 달에 두 번도 허락했다.[5] 그러나 살인사건의 경우에는 이러한 순회 동추관에 의한 동추보다는 복검을 진행한 복검관이 초검관과 함께 동추를 하는 경우도 있어, 지역 상황과 사건의 경중에 따라 조금씩 다른 경향을 보였다. 그럼에도 동추 과정을 생략할 수는 없었다.

특히 당시 경상감사 조재호는 동추를 매우 중시했다. 그는 이 사건이 나기 약 한 달 전인 1751년 음력 윤 5월 24일, 성주에서 일어난 사건의 보고를 받고 동추를 하지 않았다는 사실을 문제 삼은 적이 있었다.

당시 경상도 성주에 위치한 독용산성에서 근무하던 별장

박문두가 자신이 아끼는 놋그릇을 도둑맞은 사건이 발생했다.[6] 그는 놋그릇을 훔쳐간 범인을 찾는 과정에서 유기장 조수업에게 혐의를 두었다. 유기장이다보니 놋그릇을 훔친 후 녹여 다른 그릇을 만들었을 것이라고 추정했다.

이렇게 추정만을 가지고 조수업을 체포하고 신장을 사용하여 신문한 후 감옥에 가두었는데, 조수업이 사망했다. 이 사건에 대한 초검과 복검은 모두 곤장을 맞아 사망한 것으로 결론을 내렸고, 조재호는 곤장과 같은 무거운 형벌을 동반한 신문에 동추를 하지 않은 절차를 문제 삼아 그를 파면하고 살인사건에 준해 이 사건을 다루었다. 벌이 엄하면 엄한 만큼 억울하게 벌을 받는 사람도 없어야 하기 때문에, 취조의 객관성을 확보하는 것은 형사사건 조사에서 그 무엇보다 중요했다.

동추의 현실_
고문만 가혹해지다

특히 사람의 목숨을 뺏는 형, 다시 말해 잘못된 판결로 확정되었을 때 다시 돌이킬 수 없는 형에 대해서는 그것을 집행하기 전에 반드시 누구나 동의할 수 있을 정도의 객관적인 심리 과정을 필요로 하기 마련이다. 조선시대 사형에 해당하는 죄를 지었을 경우에는 세 번의 심리, 즉 삼복을 하도록 규정한 이유였다.[7] 그리고 오직 왕만이 사형을 확정하고 이를 시행하도록 명령을 내릴 수 있었다.[8] 물론 그 당시의 문화적 배경에서는 용의자에 대한 고문이 자행된 것도 사실이고, 여러 차례의 신문이 고문으로 점철된 것도 사실이다. 그러나 몇 단계에 걸친 신문 과정을 둔 원래의 목적은 진술의 객관성을 확보하고 억울하게 누명을 쓸 수 있는 가능성을 줄이기 위한 것이었다.

특히 살인사건의 경우 동추를 시작으로 삼복이 실시되었기 때문에, 동추는 삼복제의 첫 번째 과정이기도 했다. '복覆'이라는 말의 뜻을 새겨 보면, 삼복은 초동수사 결과에 대해 뒤집어 보는 과정만 세 번을 해야 한다는 의미다. 동추에서 시작해서, 고복 그리고 삼복으로 이어지는 과정을 통해 비로소 사형 판결의 정당성을 확보할 수 있었다. 이 사건의 경우 동추를 어떻게 진행했고, 그에 따른 결과가 어떠했는지는 기록이 남아 있지 않다. 그러나 동추 이후 다시 진행된 고복 결과보고서는 동추를 진행했다는 사실과 그 결과에 대한 언급이 남아 있다. 김태건과 구운학을 대상으로 동추가 진행되었음을 확인할 수 있는 대목이다. 당시 동추 결과는 안음 현감의 신문 결과와 크게 다르지 않은 듯하며, 그로 인해 동추의 결과를 중복해서 기록으로 남길 필요는 없었던 것으로 보인다.

이처럼 동추는 중대 범죄로 예상되는 사건에서는 '필수 과정'이었다. 그런데 문제는 동추가 중범죄를 대상으로 하기 때문에 취조 과정에서의 인권은 그리 중요한 고려 대상이 아니었다는 점이다. 특히 동추는 범인을 확정하는 과정이었기 때문에 최종적으로 범죄를 행한 사람이 자기 범행을 시인하는 '자백'이 다른 어떤 신문에서보다 중요했다. 본인 스스로 인정하지 않은 범죄에 대해 죽음으로 다스리는 것은 왕도정치를 행하는 군주의 자세가 아니라고 생각했기 때문에,[9] 동추에서도 신장이 난무할 수밖에 없었다.

그러다 보니 《경국대전》에서 규정된 신장의 크기나 타격 위치, 그리고 하루에 때릴 수 있는 횟수와 기일 등을 정확하게 지키는 것은 현실적으로 어려웠다. 동추관의 입장에서는 그러한 규정을 지키면서 자기 지역을 버려 두고 동추만 하고 있을 수도 없는 노릇이었다. 게다가 이 사건의 경우 안음현 감이 두 차례의 신문을 통해 자백에 가까운 진술을 받아 낸 상황이기 때문에 이 둘의 인권을 고려하기보다는 살인사건 의 범인으로 특정하고 주범과 공범을 확인하는 과정이었을 것이다. 다른 신문에 비해 고문의 강도가 높았을 것으로 추 정되는 이유다.

이렇게 되면서 김태건과 구운학 입장에서는 동추 과정이 자신들의 진술을 객관적으로 검증하기 위한 게 아니라, 자신 들을 범인으로 확정하기 위한 또 다른 고통스러운 단계에 불 과했을 것이다. 초동수사 과정에서 신문을 통해 두 사람을 범인으로 확정한 안음현감은 범행에 대한 부정이나 부인에 대해서는 더욱 강한 고문으로 압박했을 가능성이 높다. 자백 하지 않으면 그 자리에서 고문으로 목숨을 잃을 것 같은 두 려움이 김태건과 구운학에게 몰려왔을 것이다. 고문으로 고 통스럽게 죽으니 차라리 사형장에서 단숨에 죽는 게 나을 것 같다는 생각이 들 정도의 고통스러운 시간이었을 가능성이 크다.

기록에는 없지만, 김태건과 구운학은 동추에서 가해지는 신장을 견디지 못한 것 같다. 동추 이후 이들이 완전히 정범으로 확정된 것을 보면, 그들은 자신들의 혐의 내용을 완전하게 인정한 것 같다. 안음현감의 두 번째 피의자 신문에서 공범까지는 인정하되 직접 살인은 부인한 상태였는데, 동추 과정에서는 한 단계 더 나아간 자백들이 나온 것 같다. 강력한 고문은 자신들이 직접 죽였다는 자백을 하지 않고서는 살아남기 힘들겠다는 생각을 하게 만들었을 것이다.

죽은 사람의 사인도 밝혀졌고, 최초 신문과 2차 신문, 그리고 동추를 통해 범인도 공식적으로 확정되었다. 이제 남은 것은 경상감영의 처분과 왕의 판결이었다.

감옥_
이승의 지옥

동추가 끝나고 난 뒤, 이 과정이 얼마나 잔혹했는지 쉬 짐작할 수 있는 일이 발생했다. 경상감영에서 동추의 결과를 보고받고, 삼복의 두 번째에 해당하는 고복관을 파견하려 했을 때 안음현감으로부터 "죄인 구운학은 병으로 인해 (감옥에서) 죽었습니다"라는 보고가 올라왔다. 동추 과정에서 바로 사망한 것은 아니어서, 경상감사도 고문으로 인해 죽은 것은 아니라고 판단한 것 같다.[10] 그러나 김태건과 구운학이 감금되어 있던 조선의 감옥을 생각해 보면, 구운학의 죽음은 그리 이상할 것도 없었다.

조선시대 사람들에게 감옥에 수감된다는 것은 살아서 갈 수 있는 최악의 지옥, 즉 '이승의 지옥'에 간다는 것을 의미했다.[11] 김태건과 구운학은 살인 혐의를 받는 순간부터, 그들 몸에 큰 칼이 씌워졌을 것이다. 1612년 전옥서*에 갇혀 있던 류진柳袗(수암修巖, 1582~1635)의 기록에 따르면 그 칼의 크기는 몸길이만큼 길고 너비는 두 자 정도였다고 한다. 대략 160 센티미터 정도의 길이에 60센티미터 전후쯤 되는 너비였고, 무게도 대략 50근(약 30킬로그램 정도) 정도였을 것으로 추정된다.[12] 그리고 두 발에는 차꼬가 채워졌을 것이다. 1877년 리델 주교가 경험한 포도청 감옥에서는 도적질을 한 사람이면 죄의 경중을 따지지 않고 차꼬를 채웠으니,[13] 살인 용의자에

---

* 전옥서는 형조의 지휘를 받아 죄수를 가두고 관장하는 곳으로, 오늘날 구치소와 같은 역할을 했다. 조선시대의 경우 감옥에 갇혀 있는 징역형이나 금고형이 없었기 때문에 주로 형량이 정해지지 않은 죄수들이 갇혀 있는 곳이었다. 심재우, 《네 죄를 고하여라─법률과 형벌로 읽는 조선》, 213쪽 참조.

게는 당연한 일이었을 것이다. 그리고 한 팔이나 두 팔을 묶는 수갑의 일종인 추도 채워졌을 가능성이 크다.

그런데 감옥 생활을 해야 하는 김태건과 구운학에게는 칼과 차꼬를 차는 것만이 문제가 아니었을 것이다. 조선시대에는 죄를 지어 감옥에 갇힌 사람에게까지 음식을 주어야 한다는 인권 개념이 있던 시기도 아니다. 대부분의 감옥 생활은 굶주림에 시달려야 했고, 굶어죽는 사람이 생기기도 했다.[14] 이 때문에 고참 죄수는 신참 죄수가 옷이나 음식 같은 것을 들여오지 않으면, 칼과 족쇄도 벗겨 주지 않고 자리에 앉지도 못하게 괴롭히는 경우가 다반사였다.[15] 따라서 옥바라지를 하는 사람이 반드시 필요했는데 만약 김태건이나 구운학에게 옥바라지를 하는 사람이 없었다면, 고문을 동반한 신문이 문제가 아니라 굶주림과 감옥 내 괴롭힘이 그들을 더 힘들게 했을 것이다.

그런데다 이들을 더욱 괴롭게 한 사람들은 옥졸들이었다. 그들은 스스로를 신장神將이라고 부르면서 죄수들을 괴롭혔다. 조선의 감옥은 죄수들에게 잠을 재우지 않는 전통이 있었던 듯하다. 1612년 전옥서 감옥에 있던 류진이나 1877년 포도청 감옥에 있던 리델 주교가 동일하게 겪은 일은 죄수들이 잠을 잘 수 없도록 밤마다 강제로 노래를 부르게 한 것이다.[16] 김태건과 구운학이 겪은 감옥의 밤도 잠을 잘 수 없도록 하기 위해 억지로 부르는 죄수들의 노래와 그 노래를 듣고 자신의 처지를 비관해서 우는 죄수들의 울음소리로 가득 찼을 것이다. 매일 들려오는 '노래 고문'으로 구운학과 김태건은 대부분의 밤을 뜬눈으로 새워야 했을 것이다. 행여 죄수들이 졸기라도 하면 옥졸들은 굵은 몽둥이로 등과 다리 그리고 머리를 사정없이 내리쳤다. 포도청에서는 이렇게 하다가 죄수가 죽기라도 하면 그들은 태연하게 포도부장에게 '병사했다'고 보고하면 끝이었다.[17]

게다가 이들의 목숨을 위협한 것은 사람뿐만이 아니었다. 불결하기 이를 데 없는 감옥 환경은 그 어떤 것보다 더 큰 위협이었다.[18] 감옥 공간은 대체로 10여 평이 되지 않았는데, 여기에서 수십 명씩 수감 생활을 해야 했다. 감옥 바닥에는 멍석에 짚을 대충 깔아 두었다. 그런데 김태건과 구운학이 감옥에 갇혀 있던 시기는 음력 6월에서 7월로, 무더위가 절정에 이르는 시기였다. 죄수들이 뿜어 내는 악취와 멍석·짚 등이 썩어 가면서 뿜어 낸 냄새들이 뒤섞이면서 시궁창보다 못한 냄새가 감옥 안을 뒤덮었을 것이다. 게다가 죄수들의 몸은 썩어 가는 멍석을 터전 삼아 살던 벼룩이나 이와 같은 벌레들의 새로운 생활 터전이 되었고, 그 하나하나가 모두 김태건과 구운학을 괴롭혔을 것이다.

이러다 보니 1612년 전옥서 감옥에 갇혀 있던 류진은 갇힌 지 7~8일 만에 목숨이 위중한 상태에 빠졌고, 1877년 포도청 감옥에 있던 리델 주교 역시 "날마다 순교의 시간이었다"고 회고할 정도였다. 감옥에서는 굶어서 죽거나 옥졸들의 몽둥이에 맞아 죽는 사람들이 심심치 않게 나왔고, 그나마 죽지 않았다고 해도 대부분의 죄수들은 신문 과정에서 난 상처나 더러운 물로 인한 피부병·전염병 등에 시달리면서 차라리 죽는 게 더 나은 상태를 살아가야 했다. 조선의 감옥에서는 아무리 건강한 사람이라도 20일이면 원래의 사람을 알아볼 수 없을 정도로 쇠약해지고, 건강은 최악의 상황에 달했다.[19]

김태건과 구운학은 살인 용의자였다. 이들은 1차 심문과 2차 신문, 그리고 동추에서 받은 고문으로 살아도 살아 있는 목숨이 아니었을 것이다. 《경국대전》에 규정된 대로 종아리 부분만 맞았다고 가정해도, 최소한 종아리 부분은 터져 남아나지 않았을 것이다. 피가 튈 때마다 아궁이에서 꺼낸 재가

뿌려졌을 테고, 상처 부분은 피와 재가 엉겨 덧나다 못해 썩어 가기 시작했을 것이다. 게다가 약도 없는 상황에서 맞는 최악의 더위는 이 상처들을 더욱 키웠을 것이다. 일반인들 입장에서는 죽지 않는 게 오히려 이상할 정도의 환경이 매일 그들을 괴롭혔다.

구운학의 사망은 동추 과정에서의 고문과 이 같은 감옥 환경이 만들어 낸 결과였을 가능성이 크다. '병사했다'는 안음 현감의 보고는 리델 주교가 포도청에 있을 때 감옥에서 죽어 간 사람들에 대한 보고와 닮아 있다. 병사했다는 보고 내용으로 보아 동추 과정에서 바로 사망한 것은 아닌 듯하다. 그러나 신문 과정에서 찢어지고 터진 상처들이 극도의 불결한 환경에서 병균에 감염되었을 수도 있고, 잠을 자지 못하는 극단적 상황이 구운학을 더 이상 견딜 수 없는 상태로 빠지게 했을 수도 있다. 음력 6월에서 7월로 이어지는 무더운 조선의 감옥에는 구운학의 생명을 앗아 갈 원인들이 너무나 많았다.

9
경상감영의 판단과 사건의 결말

기찰군관 2명의 죽음은 안음현뿐만 아니라 경상감영에서도 중요하게 접근해야 할 사건이었다. 복검 결과와 안음현감 신문 내용, 그리고 동추 결과까지 보고받은 경상감사는 안음현에 자신이 이 사건을 어떻게 판단했는지 확인해 주면서 동시에 이후 처결을 요청했다. 경상감사는 안음현감의 보고서만으로 그 사건을 이해하고 이를 정확하게 조정에 보고해야 했다. 더불어 조정에서 판단을 내리면 그에 대한 최종 처리도 담당해야 했다.

정상참작도 불가한 살인

경상감사는 안음현감이 보낸 보고서와 이후 동추 결과를 바탕으로 이 사건은 김태건과 구운학이 금전을 약탈하는 과정에서 나온 우발적 살인으로 판단했다. 이들 모두 기찰군관들로 일정 정도 서로 알던 인물들이었기 때문에 수사 과정에서는 드러나지 않은 원한이 있었을 수도 있다. 그러나 안음현감이 진행한 수사의 방향은 이러한 모든 경우의 수를 무시했고, 그 결과를 받은 경상감사 역시 '원수로 인할 것이 없다'라고 판단했다. 원한 때문에 일어난 살인사건은 아니라는 의미다.

요즘이야 보복살인은 계획범죄인 경우가 많아서, 가중처벌의 대상이 되기도 한다. 하지만 굳이 경상감사가 '원수로 인할 것이 없다'고 판단한 것은 정상을 참작할 만한 이유가 없다는 의미로 읽힌다. 조선시대에는 아버지의 원수나 집안의 오래된 원한이 있다면, 그 원수를 갚는 것에 대해 '그럴 수 있다'는 인식을 가졌다. 가족 공동체, 그것도 한 하늘을 이고 살 수 없는 원수에 대해서까지도 사적 보복이 법적으로 허용되지는 않았지만 정서적으로 이해는 되었다. 다시 말해

'원수로 인할 것이 없다'는 판단은 이처럼 정서적으로 이해될 정도의 살인 이유도 없다는 의미로, 정상참작의 가능성 자체를 배제하기 위한 것이었다.

이와 같은 이유에서 경상감사 조재호는 이 사건을 원한도 없이 오직 금전을 빼앗기 위해 사람을 죽인 것으로 규정한 후, "인정人情과 사리事理에서 도저히 있을 수 없는 일"이라고 단정했다. 돈 1냥 5전 때문에 두 명이나 되는 생명을 앗아간 사건으로 규정하면서, 이는 유학이라는 국가 이념에 비추어 볼 때 도저히 용인할 수 없는 일로 평가했다. 개인의 사욕때문에 사람의 목숨까지 빼앗는 행위는 더 이상 사람으로 받아들일 근거 자체를 상실한 것이었다. 게다가 금전을 빼앗기 위해 사람을 살해했다면, 이는 고의를 가지고 서로 모의를 해야 하는 모살謀殺에 해당하는 범죄다. 이처럼 경상감사는 이 사건의 성격을 명확하게 규정한 후, 조사 강도를 좀 더 높이라고 주문했다.

그러나 강도를 높여야 할 조사 대상을 언급하면서, 사건의 정황이 다를 수 있거나 범인을 추가로 더 조사해야 할 필요는 없다는 입장도 분명히 했다. 동추 과정에서 김태건과 구운학은 직접 살인에 대한 자백까지 한 것으로 보인다. 동추는 그 특성상 자백을 최종 목적으로 했기 때문에 강한 고문이 동반되었을 가능성이 높고, 이로 인해 당시 김태건과 구운학은 서로 도모해서 살인했다고 자백했을 가능성이 크다.

이러한 기반 위에서 경상감사는 이 사건을 "서로 힘을 함께하고 손을 합해 칼로 찌르고 몽둥이로 때린 것"이라고 결론지었다. 이 사안에 대해서만큼은 김태건과 구운학이 모두 남김없이 실토했으므로, 따로 범행한 사람이 더 있는지 혹은 사사로운 원한 관계가 더 있는지를 조사할 필요는 없다고 말했다. 애초에 보고되었던 도적 떼에 의한 살인 가능성은 전혀 없는 것으로 판단하겠다는 의미였다. 다만 둘이 진술할 때 누가 더 앞장서서 먼저 범행했는지에 대해서는 서로 미루기를 반복하고 있으므로, 이 부분에 대해 좀 더 엄하게 추가 조사를 하라고 명했다.

이 대목은 현재 관점에서 볼 때 주범과 공범의 관계를 명시하는 것이어서 중요할 수도 있지만, 이 당시 경상감사의 판단을 보면 이미 모두 정범으로 확정되어 형량도 그대로 사형에 처해질 가능성이 높았다. 게다가 이미 구운학이 사망한 상태였으므로, 김태건이 주범이 아니라 공범이라고 주장한다고 해서 사안을 뒤집을 정도의 중요한 판단 대상이 되기도 어려웠다. 다만 경상감사 입장에서는 좀 더 엄밀한 사건 정황을 확인해 달라는 정도였을 것이다. 그러나 경상감사의 요구는 신문 과정을 좀 더 추가함으로써, 형벌에 준하는 고신의 과정만 만들었을 가능성이 높다.

경상감사는 안음현감이 올린 보고서에 따라 "김태건이 김동학을 먼저 범했다는 것으로 이미 진술을 했고, 전체 형옥의 전모에 대해서는 정리가 되었다"라면서, 누가 봐도 살인사건의 전모는 밝혀진 것으로 판단했다. 경상감사가 볼 때도 도기찰 김한평과 사후 김동학은 김태건과 구운학에게 죽은 것이 확실했다.

고복_
검증에 대한 검증을 더하다

이제 대략 사건은 정리된 듯했다. 그러나 경상감사는 회신에서 다시 차사원을 정해 보내겠다고 통보했다. 단성현감 남도일과 거창부사 전오석을 임명했다는 사실까지 알렸다. 그런데 얼마 뒤 안음현감의 보고서가 올라왔다. 구운학이 동추 이후 감옥에서 병사했다는 것이다(구운학의 사망은 앞 장에 서술되어 있다). 그러나 차사원으로 임명된 두 사람은 날을 정해 죄인을 신문하러 안음현을 찾았다. 동추까지 경상감사가 동의하고 받아들였지만, 절차를 이행하기 위해 다시 다른 지역 지방관들로 구성된 신문관을 한 번 더 구성해서 보낸 것이다. 단계로 보면 동추 이후 두 번째 '복覆', 즉 '고복考覆'이었다.

고복은 살인사건과 같은 중범죄에 대해 다시 한번 더 점검하는 단계였다. 동추를 행하는 이유와 동일한 필요성에 따른 것으로, 신문 결과에 대한 신뢰도를 한번 더 확인하는 과정이었다. 고복관으로는 초동수사관인 안음현감 심전도 배제되었고, 복검관과 동추에 참여한 함양부사도 배제되었다. 이 사건에 대한 선이해가 없는 단성현감과 거창부사가 고복관으로 내정되어 죄인에 대한 신문을 다시 진행했다. 이들이 확인하려한 것은 신문 과정을 복기하고, 죄인들이 동추에서 말한 것과 동일한 자백을 하는지에 대한 것이었다.[1]

앞에서 본 것처럼 구운학은 동추 이후 감옥에서 사망했기 때문에 고복은 김태건만을 대상으로 진행되었다. 그런데 경상감사의 주문도 있었고, 돈으로 인해 사람을 죽였다는 사실 자체는 이들이 김태건에 대해 인정을 가지고 다스릴 필요를 갖지 못하게 했을 것이다. 따라서 고복이 진행되는 과정에서도 고신은 당연시했을 가능성이 높다. 단성현감과 거창부사는 함께 김태건을 신문한 후 경상감영으로 "죄인 김태건의 흉악한 범죄 절차는 전에 동추할 때 이미 낱낱이 밝혀 낸 바가 있고, 이번에 고복을 했는데도 그 진술이 전과 다름이 없습니다"라는 내용의 보고서를 올렸다. 이때가 되면 김태건은 모든 것을 체념한 듯하다. '동추에서의 진술과 다르지 않다는 보고'는 결국 김태건 스스로 살인행위에 대한 모든 죄를 그대로 인정했다는 의미로 읽힌다. 이제 더 이상 달리 생각할 가능성은 없었다.

경상감사 입장에서도 밟을 수 있는 절차들을 모두 밟으면서 점검했고, 최종적으로 나온 결과도 다르지 않았다. 경상감사는 이제 경상도 지방의 최고책임자로서 직접 사건을 매듭지어야 했다. 그래서 그는 "내가 친히 신문할 수 있도록 쇠사슬로 묶어서 압송하여 올려 보내라"는 공문을 발송했다. 안음현감 입장에서 사건은 마무리되었고, 경상감영으로 죄인을 이첩함으로써 모든 과정들도 끝을 냈다.

경상감사 조재호는 김해창에 대한 처결도 주문했다. 당시 안음현감은 김해창을 신문하는 과정에서 김해창을 체포하고 그 처결에 대해 문의한 것으로 보인다. 안음현감 입장에서 도적에 관련되어 있는 혐의자에 대해 직단할 수 없는 상황이었기 때문이다. 원래 김해창은 도둑으로 이름이 높았기 때문에 당시 기찰군관들도 그를 북리면에서 체포해서 압송할 예정이었다. 처벌이 필요한 범죄 혐의자였던 것이다. 게다가 김해창의 뇌물 때문에 김태건과 구운학이 김한평과 김동학을 잔인하게 살인하는 일이 발생했으므로 그 원인을 따져 보면 결코 가볍게 처리할 수는 없었다.

경상감사는 엄한 형벌을 한 차례 가한 후 타일러 석방하라는 명을 내렸다. 지금 같으면 이해가 잘 되지 않겠지만, 조선에서 형벌의 대부분은 신체에 고통을 가하거나 혹은 그 지역으로부터 쫓아 내는 것이었다. 요즘 형벌은 자유를 박탈하는 금고나 징역형이 다수를 이루지만, 조선시대 형벌은 5형, 즉 태형, 장형, 도형, 유형, 그리고 사형이었다.[2] 몸에 고통을 가하는 태형과 장형, 삶의 터전을 빼앗고 멀리 쫓아 내는 도형과 유형 그리고 사람의 생명을 빼앗는 사형이 형의 전부였다. 감옥에 가두는 경우는 대부분 이러한 형이 확정되지 않은 상태의 미결수들로, 형벌의 한 방법으로 죄인을 감옥에 가두는 경우는 없었다. 엄한 형벌이란 장형, 즉 곤장으로 때리는 형벌 이상이었을 가능성이 높다. 태형 정도는 군현 단위의 지방관이 직접 처벌할 수 있었지만, 장형의 경우에는 안음현감이 행할 수 있는 직단의 범위를 벗어나기 때문에 경상감사의 허가를 받아 형을 집행했을 것이다.

경상감사의 친문_
삼복의 완성

김태건에게는 죽음보다 못한 또 한 번의 신문이 남아 있었다. 초동수사 과정에서 안음현감이 진행한 두 번의 신문과 삼복제에 따라 동추 및 고복까지 거쳤지만, 삼복을 완성하기 위한 경상감사의 최종 신문이 남아 있었다. 확연히 추워진 음력 10월 1일, 경상감사 조재호가 경상감영으로 압송된 김태건을 친히 신문했다.

　김태건은 진술을 번복하지 않고 순순히 자신의 죄를 인정했다. 이미 동추에서 죄를 시인한 상태였고, 죽어 가는 구운학을 보고 고복관에게도 자신의 죄를 그대로 자백한 듯하다. 이 때문에 그는 경상감사의 마지막 신문에서도 "저는 김한평이 가지고 있는 칼로 먼저 김한평의 목 부분을 찌르고, 이어 또한 김동학을 난자하여 죽게 하였음이 확실합니다. 법에 의하여 처리하실 줄로 아룁니다"라고 진술했다. 구운학의 죽음과 4개월 여에 걸친 옥살이, 그리고 신문 과정마다 난무한 신장을 겪으면서, 그 스스로 더는 여기에서 벗어날 수 없다고 생각한 듯하다. 진술을 번복하면 경상감사는 다시 한번 신장을 사용할 터이니, 김태건으로서는 더 이상 오래 끌지 않고 순순히 죄를 인정함으로써 신장이라도 피해 볼 요량이었을 것이다. 경상감사 조재호는 자신의 귀로 직접 범인의 자백을 들었으니 이를 기반으로 최종보고서를 작성했다.

위의 죄인 김태건이 김한평과 김동학을 잔인하게 온몸을 찔러 살해한 절차에 대해 동추와 고복 과정에서 이미 낱낱이 실토하였습니다. 그러므로 전례에 따라 제가 친히 문초한 후 죄에 관한 사안을 종결하여 초사 양식을 갖추어 아뢰니, 김태건의 죄상에 대해 해당 관청으로 하여금 법조문에 비추어 죄목을 결정하기를 갖추어 아룁니다.

김태건의 죄상에 대한 보고는 왕에게 직접 올라갔을 것이다. 장계에 기재된 날짜가 음력 10월 12일이었으니, 경상감영 차원에서는 대략 4개월에 걸친 안음현 살인사건이 종결되는 순간이었다. 경상감영에서의 조사까지 완결되었고, 조정에서 내리는 처분 결정만 남아 있었다. 물론 보고서의 내용이나 검시 결과 등에 문제가 있다고 판단되면 다시 재조사 요청이 내려지거나 경차관이 파견될 수도 있었다. 그러나 경상감사 생각에도 이 사건은 절차적으로나 내용적으로나 이견이 있을 이유가 없다고 판단한 듯하다.

경상감사는 매우 상세하게 장계 내용을 기술했다. 사건의 시작부터 신문 과정, 그리고 시장의 내용을 간단하게 요약한 검시 결과까지 망라해서 기술했다.[3] 더불어 안음현감으로부터 받은 신문 내용을 요약하여 보고서에 기술했고, 이후 삼복제에 따른 동추와 고복, 그리고 경상감사의 신문으로 이어지는 과정들까지 기술했다. 사건의 정황과 살인사건 조사의 절차적 문제, 그리고 구체적인 내용을 분명하게 확인할 수 있도록 보고서를 썼다.

경상감영에서 삼복까지 진행한 것은 왕이 사형을 명할 수 있는 정당성을 확보해 주는 것이었다. 앞에서 본 것처럼 사형에 해당하는 죄에 대해서는 초동수사를 제외하고 세 번의

'복', 즉 재검토 과정을 밟아야 했다. 경상감영에서 삼복을 진행했다는 의미는 이미 이 사건의 최종 결과가 사형으로 이어질 가능성이 높다는 쪽으로 판단한 듯하다. 최종보고서는 왕에게까지 올려졌을 것이다.

사형은 왕명으로만

왕에게까지 보고된 사안이면, 《조선왕조실록》이나 《승정원일기》 또는 《추안급국안》에라도 실려 있을 가능성이 높지만, 아쉽게도 이 사건은 이후 처결 관련 기록이 남아 있지 않다. 이 당시는 왕이 되지 못하고 불운한 생을 마감한 사도세자가 영조의 위임을 받아 정사를 대리하고 있을 때였다. 이 때문에 조선의 기록시스템이 제대로 가동하지 않았을 수도 있고, 이후 정조가 영조의 명을 받아 왕세손으로 정사를 대리할 때 《승정원일기》에서 사도세자 관련 기록들을 삭제한 일이 있어서 이때 관련 기록이 함께 삭제되었을 수도 있다. 따라서 이후의 처리에 관해서도 당시 일상적 절차에 준해 추론해 볼 수밖에 없을 것 같다.

당시 경상감사 조재호가 올린 장계는 정사를 대리하고 있던 사도세자에게 먼저 올려졌을 것이다. 살인사건에 관한 최종 재가를 받을 때에는 장계뿐만 아니라, 검시 통합보고서인 〈검안〉과 신문조서 등이 포함되어 있기 마련이며, 그에 따른 담당 부서(이 경우는 주로 형조)의 의견까지 함께 올라갔을 것이다. 사도세자는 살인사건 관련 서류들을 꼼꼼히 검토한 후 담당부서의 판단을 먼저 구했을 것이다. 만약 사도세자나 혹은 영조가 볼 때 조사의 미진한 부분이 있다면, 재조사 명령이나 혹은 중앙에서의 경차관 파견이 논의되었을 것이다.

당시 아무리 사도세자가 정사를 대리하고 있었다고 해도 사형에 대한 최종 재가는 영조가 내렸을 가능성이 크다. 사형의 최종 결정은 그야말로 왕의 권한이었기 때문이다. 경상감사의 보고서대로라면 이 사건은 개인의 사욕을 채우기 위해 상급자를 공모해서 살해한 것이다. 정상참작의 여지는 없었으며, 보고서 내용과 그에 첨부된 검안 등의 관련 서류를 확인해도 다른 결론이 나올 가능성은 적었다. 김태건에게는 불운한 일이지만, 이와 같은 살인사건에서 그가 사형을 피해 갈 방법은 거의 없었다. 정상이 참작된다고 해도 신체를 보존해 주는 교수형 정도였을 것이며, 그렇지 않을 경우에는 목을 베는 참형이 일반적이었다.[4] 사약을 내려 사형에 처하는 경우는 주로 고위 관료나 양반들 대상이었기 때문에 김태건은 그 대상조차 되지 못했다.

이렇게 형량이 결정되면 그 결과는 주청한 일을 허가하는 '판부判付'로 경상감영에 내려지고, 그에 따라 김태건은 경상감영에서 사형을 당해 생을 마감했을 것이다. 경상감영의 사형 집행은 대부분 관덕당觀德堂[*]에서 이루어졌다. 보통 한양에서 사형장 터는 숙살肅殺[**]의 방위로 여기는 서쪽을 많이 선택했으며, 지방 관서 역시 이러한 원칙을 가능하면 준수하려 했다. 경상감영의 사형장 터인 관덕당도 남서쪽에 가까운 지역으로, 약간 넓은 터를 잡아 사형을 집행함으로써 일반인들로 하여금 범죄에 대한 경계심을 갖도록 하기 위해 이 장소

---

[*]   경상감영의 관덕당은 감영 앞에 활쏘기 등을 목적으로 넓은 평지를 만들었던 각 지역 감영 관덕당과 궤를 같이하는 것으로, 수운 최제우의 사형이 여기에서 이루어지면서 현재 가톨릭의 성지로 인식되고 있기도 하다. 대구 반월당에서 남문시장 넘어가는 얕은 고개가 당시 관덕당의 터였다.

[**] 보통 가을의 쌀쌀한 기운이 풀이나 나무를 말려 죽이는 형상을 말하는 것으로, 죽음이나 살생 등과 관계되어 있다. 계절로는 주로 가을이며, 동서남북 방위로는 서쪽 방향이 숙살의 기운이 강한 것으로 보았다. 오행인 수·금·지·화·목 가운데에서는 금金이 숙살의 기운을 가진 것으로 이해되었으며, 그래서 금성, 즉 태백성이 낮에 나타나면 전쟁이나 역모, 살인사건 등의 기운을 예언하는 것으로 이해되기도 했다.

를 선택하는 경우가 많았다.

　김태건이 언제 사형되었는지는 정확지 않다. 조선시대에
는 급하게 사형에 처해야 할 정도의 죄질이 아니면 대부분
기일을 기다려 한꺼번에 사형을 집행했다. 참형도 '대시待時
참형'과 '불대시不待時 참형'으로 나눈 것이다. 대부분의 참
형은 '대시 참형'인데, 이는 시간을 기다려서 참형을 집행한
다는 의미다. 대시 참형의 경우에는 보통 추분에서 이듬해
춘분까지, 다시 말해 흔히 숙살의 기운이 센 시기를 기다려
날짜를 정했다. 생성의 기운이 올라오는 봄, 여름에 참형을
집행하는 것은 하늘의 운행을 거스르는 행위라고 생각했기
때문에 이때에는 가급적 집행을 피했다.[5] 그러나 시각을 다
투는 극악범죄의 경우에는 때를 기다리지 않고 바로 사형을
집행하는 '불대시 참형'이 이루어지기도 했다.[6]

　김태건의 경우 음력 10월 12일 경상감영의 최종보고서가
올라가고, 이것이 중앙정부에서 검토되는 과정을 거쳐 그해
말까지는 사형을 명하는 판부가 내려졌을 가능성이 높다. 그
때가 이미 숙살의 기운이 강한 추분에서 그 이듬해 춘분 사
이에 있었기 때문에 오랜 시간을 기다리지 않고 다른 사형수
들과 함께 사형이 집행되었을 것이다. 이때 김태건의 유일한

소망은 실력 있고 사형당하는 사람을 불쌍하게 여기는 집행인을 만나는 것이었을 게다. 이를 위해 필요하다면 뇌물을 바치기까지 했다. 참형을 집행하는 집행인이 자비를 가지고 순식간에 생명을 앗아 감으로써 가능한 한 고통을 적게 받기 위함이었다.

더위가 기승을 부리기 시작하던 어느 여름날, 도둑을 잡기 위해 수망령을 넘어 고현면과 북리면을 함께 다닌 중년의 기찰군관 4명은 수망령을 넘은 날로부터 대략 4~5개월 만에 모두 유명을 달리했다. 사건의 조사대로라면 도기찰 김한평과 그를 보좌하던 사후 김동학은 함께 활동한 구운학과 김태건에게 살해되었고, 구운학은 취조 과정에서 옥사했으며 김태건은 1751년 말이나 그 이듬해 초, 따뜻해지는 봄을 보지 못하고 사형에 처해졌을 것이다.

에필로그

사건 발생으로부터 최종 결론을 통해 보고서가 완성되기까지 4개월이 걸렸다. 안음현감 심전이 가졌던 작은 의심은 구운학과 김태건을 겨냥한 조사와 신문으로 이어졌고, 그 결과는 함께 참여했던 동추관, 고복관, 그리고 경상감사까지 동의를 얻어 내면서 최종적으로 사건이 종결되었다.

억울한 죽음을 없게 하라

이미 200년이 훨씬 넘은 사건, 그것도 사건에 대한 최종 결론을 내고 이를 조정에 보고하기 위한 보고서를 기반으로 재구성한 사건인지라, 과정에 대한 세부 묘사와 다양한 반전 가능성들을 포함한 대부분의 내용은 걸러졌을 것이다. 그럼에도 불구하고 이 정도의 재구성이 가능할 정도의 기록이 남아 있고 관련 연구들도 축적되어 있어서, 우리는 초동수사를 담당했던 안음현감의 생각을 따라 조선시대 사람들의 형사처리 과정을 살펴볼 수 있었다. 이처럼 형사사건을 대하는 그들의 이념과 그것이 현실에 적용되는 모습을 통해 우리는 조선을 좀 더 객관적으로 이해하는 계기가 되었을 것이다.

유교가 국가 지배 이데올로기를 넘어 사회적 이상과 문화적 규범을 결정할 정도로 강하게 작동되었던 조선에서 사람의 생명은 매우 중시되었다. 최소한 이념적으로는 현대와 조선시대의 차이를 발견할 수 없을 정도로 조선시대 역시 생명을 중시했다. 그리고 국가는 백성들이 억울하게 생명을 잃는 일이 발생하지 않도록 노력했으며, 억울한 생명이 발생했을 때에는 그 억울함을 국가 차원에서 해결하려 했다. 이러한 이념에 충실했던 왕들은 이를 위한 세부적이고도 구체적인 실행규칙을 만들고, 몸소 그것을 지켜 살인사건 심리의 원칙들로 만들었다.

특히 조선시대는 가뭄이나 홍수 등과 같은 기상이변 등이 지속되기라도 하면, 왕은 혹시라도 백성들의 억울함이 하늘에 미쳐 그렇게 된 것은 아닌지 반성하고, 그러한 억울함을 풀어 주기 위해 노력했다. 억울하게 갇혀 있는 사람이 원한이 사무쳐 그렇게 된 것은 아닌지 반성하고, 이를 위해 중범이 아니면 빨리 석방케 하고 송사들을 빠르게 진행하도록 다그쳤다. 행여 길거리에 버려진 시신이라도 있으면 국가가 나서서 장사지냄으로써 그 원혼을 달래 주려 했다. 기상이변을 백성들의 원한이나 고통으로 이해했던 조선의 왕들은 백성들의 억울한 죽음을 풀어 주기 위한 다양한 정책적 장치들을 마련했던 것이다. 안음현에서 일어난 살인사건 조사는 그러한 정책적 장치들이 작은 현에서까지 어떻게 작동되고 있는지를 보여 주고 있다.

백성들의 죽음이 관아에 보고되면, 지방관이 직접 이 사건을 책임지고 해결하는 문화는 조선 초부터 강조되었다. 특히 살인사건은 원칙적으로 군현 단위의 지방관이나 도 단위의 관찰사에서 처결이 끝나는 것이 아니라, 반드시 조정에까지 보고되어야 했다. 이 때문에 지방관 입장에서는 억울하게 죽은 사람의 원한을 풀어 주는 것 이상으로 중앙 관료나 왕이 볼 때에도 충분한 조사와 처결이 이루어졌다는 사실을 증명해야 했다. 지방관 개인이 열정과 노력에 따라 살인사건 조사와 처리의 결과가 달라질 수 있는 가능성을 낮추고, 국가적 시스템에 의해 살인사건 조사와 처리가 이루어지게 했다.

이와 같은 살인사건 조사와 처리 원칙은 '억울함'을 푸는 데 있었다. 앞에서 보았던 것처럼 '억울함을 푼다'는 것은 두 가지 의미를 가지고 있었다. 하나는 원통하게 죽은 사람의 억울함을 풀어 주는 것이고, 또 다른 하나는 그 과정에서 또 다른 '억울한 희생자'를 만들지 않아야 한다는 것이었다. 이 원칙은 형사사건을 처리하는 데 있어서 예나 지금이나 변하지 않는 황금률이다. 그러나 이 황금률은 과학적 한계나 시대·문화적 한계로 인해 무너질 때도 있었고, 동시에 조사의 미진함이나 조사관의 무능함 때문에 올바로 시행되지 못할 때도 많았다. 조선은 전자에 대해서는 어쩔 수 없는 한계를 가지고 있었지만, 적어도 후자에 있어서는 그러한 일이 없도록 다양한 정책들을 통해 시스템으로 작동할 수 있도록 만들어 왔다. 게다가 전자의 경우에는 시대적 한계가 분명했음에 불구하고, 당시 과학적 지식을 총동원하여 법의학서를 만들고, 이를 기반으로 한 발달된 형사처리 준칙을 제공하려 노력했다는 점 역시 눈여겨봐야 할 대목이다.

더불어 이 같은 준칙은 그에 따르는 것에서만 그치는 것이 아니라, 동일한 방법의 중복 확인을 통해 오류 가능성을 막기 위한 과정적 규범들까지 마련했다. 반드시 동일한 방식으로 두 번 이상의 검시를 진행하도록 강제함으로써 충분한 교차검증이 이루어지도록 했던 것이다. 심지어 이렇게 두 번 이상 진행한 검시 내용을 검시 당사자들 선에서 검토하고 끝내는 게 아니라, 상급기관에서 비교·확인한 후 그 비교 내용까지 중앙정부에서 다시 한번 더 최종 검증을 거치도록 했다는 점 역시 눈에 띄는 대목이다.

특히 검시는 억울하게 죽은 사람의 입장을 최대한 반영하여 객관적으로 이루어질 수 있도록 했다. 검시 여부는 가족으로 구성된 시친들이 결정할 수 있도록 함으로써, 죽은 이의 억울함은 풀면서도 망자에 대해 기본적인 존중이 이루어지도록 했다. 더불어 검시가 객관적으로 진행되는지를 확인할 수 있도록 참검인단에 이웃인 절린과 민간 대표에 해당하는 권농도 포함시켰다. 조사관의 편의와 주관성이 작용되지 못하도록 하고, 가능한 피해자의 입장에서 객관적으로 검시가 이루어질 수 있도록 하려는 조치였다.

동시에 사건 조사 과정에서 억울한 2차 피해자가 발생할 수 있는 가능성을 막기 위한 정책적 장치들도 치밀하게 만들었다. 안음현 살인사건의 경우에도 사건 조사를 담당한 안음현감이 2번에 걸친 기초 조사와 신문을 진행해서 이미 일정 정도 진범을 특정했다. 그러나 그 결과가 최종적인 판결로 도달하는 데까지는 3번의 '복복(覆覆)', 즉 '다시 생각해 보기'의 과정을 거쳤다. 자백을 통해 범인을 확정할 때에도 반드시 두 명의 관리가 함께 동추를 통해 판결하게 함으로써, 행여 억울한 피해자는 아닌지 검증하도록 했다. 그리고 동추에 참여한 관리마저 배제한 또 다른 두 명 이상의 관원으로 구성된 차사원을 보내 고복을 실시하고, 마지막으로 경상감사가 최종적으로 신문하는 과정을 둘 정도였다.

특히 형이 결정된 이후에 이를 다시 돌이키기 어려운 형벌의 경우에는 왕이 최종적인 심의를 통해 판결하도록 함으로써, 경상감사에게도 충실한 조사관으로서의 역할만 위임했다. 억울한 죽음이 없어야 한다는 국가의 이념은 이처럼 촘촘한 형사정책으로, 그리고 관료들의 업무 규정으로 만들어졌다. 이념적으로만 보면, 살인사건을 대하는 조선의 형사정책은 치밀하기 이를 데 없고, 이를 적용하기 위한 국가자원과 행정력 역시 과감하게 활용되었다.

김태건과 구운학은 진범이었을까?

이미 결론이 난 사건을 두고 마지막 정리에서 질문이 너무 생뚱맞다. 어떤 독자들의 경우는 이 질문을 보고 새로운 반전을 기대할 수도 있겠다. 그런데 이 책은 안음현감의 첩정과 그것을 기반으로 김태건과 구운학을 살인범으로 확정하고 처벌하기 위해 올린 경상감사의 장계(보고서)를 기반으로 재구성한 것이다. 의문스러운 내용을 그냥 두거나, 혹은 새로운 반전을 기대할 수 있는 가능성이 최대한 배제되어 있는 보고서를 기반으로 했다는 의미. 독자들이 기대하는 새로운 반전 가능성이나 흥미로운 스토리가 남아 있기 어려운 이유다. 그럼에도 불구하고 현대의 시각에서 보면, 여전히 짚어야 할 대목들이 남아 있다.

우선 초동수사를 책임졌던 안음현감에 대해서는 결과의 객관성 여부를 위해 반드시 짚어야 할 대목이다. 예나 지금이나 수사를 지휘하고 책임지는 사람은 그 수사 결과에 영향을 받지 않아야 한다. 어떤 결과이든 그것이 이후 자신의 신상에 유리하거나 불리하게 작용되어서는 안 된다는 말이다. 그렇지 않다면 수사 결과를 자기 신상에 유리한 쪽으로 맞출 개연성이 높아지게 마련이다. 그런데 당시 행정과 사법을 모두 책임지고 있었던 군현 지방관의 입장에서 이러한 사건은 그 결과가 자신의 안위에 직접 연결될 수 있었다.

당시 안음현감은 6품직으로, 주로 음직蔭職*에게 주어지는 자리였다. 안음현감 심전 역시 사마시 합격 기록은 있지만 대과 합격 기록이 없는 것으로 보아, 음직으로 현감에 제수된 듯하다. 그럼에도 불구하고 그는 6개월마다 이루어지는 인사고과에서 '정치를 공평하고 관대하게 한다'는 평가를 받아 아홉 차례나 연속으로 최고등급인 '상上'을 받을 정도였다. 비록 음직이지만 그는 승진이나 혹은 좀 더 큰 군현의 지방관으로 영전할 가능성이 높았다. 이러한 심전에게 구운학과 김태건의 애초 보고, 즉 '도적 떼'에 의해 기찰군관들이

---

* 흔히 양반이나 공을 세운 중신들을 우대하여 그 후손들을 과거시험 없이 임용하는 음서제를 통해 임명되는 관직을 말한다. 조선 전기에는 공평함을 강조하여 음서제를 통한 음직이 제한되었지만, 조선 후기에는 초시인 사마시를 합격한 후 대과 합격이 힘들어진 문벌 가문의 후예들이 음직으로 진출하는 사례가 많았다.

살해된 것이 사실이라면, 그는 마른하늘에서 떨어지는 날벼락을 맞아야 하는 상황에 처하게 된다.

앞에서 언급했던 것처럼 조선시대 '좋은 지방관'에 대한 표상은 '도덕적 교화'의 여부에 있었고, 이는 풍속이 아름답고 범죄가 발생하지 않는 것을 가지고 증명해야 했다. 이 관점에서 보면 '도적 떼의 발호'는 지방을 잘 다스리지 못한 증거이며, 이로 인해 그 지방관은 그 이전의 고과와 상관없이 이 사건 하나로 파직될 수도 있었다. 이 때문에 구운학과 김태건이 동헌에서 '도적 떼'라는 말을 내뱉었을 때, 안음현감 심전은 자연스럽게 자신의 관직 생활이 여기에서 끝날 수 있겠다고 생각했을 것이다. 어렵게 음직으로 진출한 관직 생활이 도적 떼 사건으로 마감될 위기에 처했던 것이다. 구운학과 김태건에 대한 강한 의심은 여기에서 시작될 수 있다. 그리고 실제 그랬다면, 수사 역시 자신에게 유리한 방향으로 맞추어서 진행했을 수도 있다. 당연히 김태건과 구운학에 대한 신문의 강도는 세질 수밖에 없으니, 구운학의 죽음 역시 이로 인한 결과였을 수도 있다. 실제 '도적 떼'로 인한 사건이 아닌 것으로 결론 나면서, 심전은 비록 승진은 아니지만 다시 금성현감金城縣監(지금의 강원도 철원군 원동면·원남면·임남면 일대)에 제수되어 관직 생활을 이어 갔다.

이렇게 관점을 바꾸고 나면, 보고서에 기술된 내용에도 몇 가지 의문점이 발견된다. 우선 사건 발생의 이유다. 김태건과 구운학이 비록 피의자들이지만, 사건 발생의 이유에 대한 진술은 비교적 일관되었다. 도기찰과 사후관계이면서 친척 간인 김한평과 김동학이 싸웠고, 이 과정에서 구운학이 이 싸움을 말리려 한 점이다. 뇌물이 원인이었든, 아니면 도기찰과 사후 간에 알 수 없는 내적 갈등이었든, 이 사건의 발단은 두 사람이 싸움으로부터 시작된 것은 분명해 보인다. 그리고 구운학과 김태건은 이 싸움을 말리는 과정에서 사건에 휘말린 듯하다. 이 때문에 그들은 김한평과 김동학의 죽음에 매우 당황했을 것으로 추정되며, 이로 인해 그들은 자연스럽게 '도적 떼'의 공격으로 위장하자는 공모를 했을 것이다. 그러나 안음현감은 두 사람의 싸움 원인과 그 내적 갈등의 가능성을 무시하고, 관련 진술 역시 꾸며 낸 이야기로 치부했다. 이 때문에 두 번째 피의자 신문 과정에서 살인사건의 이유가 1냥 5전을 위한 '모의'로 바뀌었다.

둘째는 김해창을 풀어 준 사람과 그 연유에 대한 진술이 엇갈렸음에도 불구하고, 이 상황을 객관적으로 목격한 북리면 도장에게 사실관계를 확인하지 않은 점이다. 김해창의 진술대로 북리면 도장이 그의 억울한 사연을 듣고 풀어 준 것인지, 아니면 김한평이 김해창을 풀어 준 것인지에 대해서는 그 자리에 있었던 북리면 도장이 객관적으로 확인해 줄 수 있다. 이는 특히 뇌물 관련 진술과 연결되어 확인이 필요한 대목이다. 그러나 안음현감은 북리면 도장에게 이 사실을 확인하지 않았다. 앞에서 말했던 것처럼 북리면 도장이 정확하게 누구를 지칭하는지 알 수는 없다. 그런데 그가 만약 도둑을 잡기 위해 파견된 토포사나 관련 진영에 소속된 인물이라면, 안음현감은 도적 떼 관련 사건으로 비화될 수 있는 가능성을 차단하기 위해 관련 진술을 받지 않았던 것으로 의심된다.

셋째는 뇌물로 받은 1냥 5전의 행방이다. 만약 이 돈이 살인자로 지목되었던 구운학이나 김태건에게 있었다면, 이들을 정범으로 확정하는 과정 역시 매우 쉬웠을 것이다. 그리고 이들의 혐의를 증명하는 과정에서 당연히 보고서에 기술되어야 할 내용이다. 그러나 이러한 기록이 없는 것으로 보아 돈의 행방과 그 존재 여부에 대한 조사가 제대로 이루어지지 않은 듯하다. 실제 1냥 5전이 살인사건의 원인이라면,

그 행방은 정확하게 밝히고 보고서에 기록할 필요가 있다. 이를 기반으로 김한평과 김동학의 갈등 가능성에 대한 추론도 가능하기 때문이다. 정상적인 수사라면 이와 같은 다양한 가능성을 염두에 두고 확인에 확인을 거쳐야 했지만, 그러지 않았던 듯하다.

이러한 상황에서 만약 우리가 재판관이 되어 변호인으로부터 관련 문제 제기를 받는다면, 김태건과 구운학에게 유죄 판결을 내리기는 쉽지 않다. 수사 진행의 객관성 문제와 확인이 필요한 살해 동기에 대한 조사, 그리고 핵심 증거물 등에 대한 설명이 누락되어 있기 때문이다. 김태건과 구운학이 현재 사법시스템에서 재판을 받았다면, 그들은 어쩌면 목숨을 잃지 않을 수도 있었을 것이다.

그래서 억울한 죽음도 있었다

형사사건, 그중에서도 살인사건은 억울한 죽음의 발생으로부터 시작되고, 자칫 잘못하면 또 다른 억울한 피해자를 만들 가능성도 높다. 그런데 수사 과정에서 제2의 억울한 피해자를 만들지 않으려는 데 초점을 두다 보면 사건의 진실을 밝히지 못해 죽은 이의 억울함을 풀지 못할 수도 있고, 죽은 사람의 억울함을 푸는 데만 치중하다 보면 또 다른 억울한 피해자를 만들 가능성 역시 커진다. 특히 억울한 죽음에 대한 안타까움으로 이를 해결해 보려는 수사 책임자의 열정마저도 종종 억울한 피해자를 만들 가능성을 높이곤 했다. '자백'이 중요한 사회에서 이러한 폐단은 더욱 클 수밖에 없었고, 과학수사를 강조하는 현대 사회라고 하더라도, 이 문제로부터 완전히 자유로울 수는 없다.

'자백'은 예나 지금이나 형사사건 조사가 지향하는 최종 목표다. 타인의 의심을 넘어 범인 스스로 자신의 범행을 인정하는 단계이기 때문이다. 그러나 '자백'만을 목표로 하면 고통으로 인한 '거짓 자백'의 가능성도 함께 커진다. 이 때문에 현대 사회는 자백을 받을 때에도 반드시 '인권'을 위한 기준선을 넘지 못하도록 규정하고 있으며, 진술을 통한 자백보다 과학적 증명을 더 중시하는 모습으로 이행되고 있다. 그러나 과학기술을 통한 검증 수단이 현대에 비해 미약했던 조선시대는 신체적 고통을 통해 자백을 받아 내는 데 역량을 집중할 수밖에 없었다. 과학적 조사의 최종 목표 역시 '자백'

이기 때문에, 조사관의 불성실함에 과학적 한계까지 보태지면, 최종 목표만을 얻기 위한 가장 효율적인 방식만을 사용하게 마련이다. 이는 결국 자백하지 않으면 신문받다 죽고, 자백하면 형을 받아 죽는 극한의 상황으로 용의자를 몰아넣기 마련이었다.

경상감사의 장계에 따르면, 안음현감은 작은 의심에서 출발하여 그것을 확신으로 만들었다. 김태건과 구운학은 애초 위험에 처한 동료를 버려 두고 도망쳤다는 사실 때문에 의심을 받았고, 이후 '도적 떼'에 의한 범행이 아닌 것으로 정리되는 과정에서 살인사건 용의자로 특정되었다. 첫 번째 피의자 신문에서 이미 김태건과 구운학은 도적 떼에 의한 살인이 아님을 자백했고, 두 번째 피의자 신문에서 각각 자신만이라도 혐의를 벗기 위해 상대방을 범인으로 지목했다. 이러한 행위는 서로를 빠져 나갈 수 없는 상황으로 밀어 넣는 결과를 만들었다. 물론 이 자체는 노련한 안음현감의 신문 기술이라고 말할 수도 있겠지만, 이 과정에서 얼마나 가혹한 고문이 자행되었을지 충분히 짐작된다. 신문의 과정 과정에서 갑자기 달라지는 진술 내용을 보면, 그 과정 과정에서 얼마나 강한 신장이 사용되었을지 추정 가능하다.

보고서의 내용이나 당시 정황을 가지고 추측해 보면, 10여 명의 도적 떼에 의한 살인사건이 아닌 것은 분명해 보인다. 하지만 그렇다고 김태건과 구운학이 반드시 범인이라고 규정하기에는 아직 반론의 가능성이 여전히 남아 있었다. 당시 김한평과 김동학의 검시 결과를 보면 칼자국과 찰과상들이 온몸을 뒤덮고 있다고 표현해도 과하지 않다. 격렬한 격투가 있었음을 알 수 있는 대목이다. 이에 비해 당시 현청에 뛰어들었던 김태건과 구운학의 복장에 대한 기록이 전혀 없다. 물론 보고서에서 누락된 것일 수도 있겠지만, 복장이나 행색이 크게 눈에 띌 정도로 참혹하지도 않았던 게 아닌가 하는 생각도 든다.

이는 다음 두 가지 추론을 가능케 한다. 우선 도적 떼에 의한 습격이 아닐 가능성이다. 만약 도적 떼 10명이 이들 4명에게 덮쳤다면, 김한평과 김동학 역시 온몸에 상처를 입고 옷은 피투성이가 되었을 것이다. 도적 떼 10여 명과 싸우다가 이들만 도망친 것으로 보기 어려운 이유다. 또 다른 하나는 그들이 김한평과 김동학을 살해했을 가능성도 낮추고 있다. 만약 이들이 김한평과 김동학을 죽였다고 가정해도, 그들 역시 김한평과 김동학처럼 온몸에 칼자국과 찰과상들로 피투성이가 되어야 했다. 모두 훈련을 받은 기찰군관들이었기 때문에, 2명이 죽을 정도의 목숨을 건 격투였다면 김한평과 김동학처럼 김태건과 구운학의 몸에도 최소한 그 흔적은 남아 있어야 했다.

두 피의자의 진술 내용과 김한평과 김동학의 시신 상태 등을 가지고 추론해 보면, 피살당한 김한평과 김동학의 싸움으로부터 설명하는 것이 합리적이다. 그러나 김태건과 구운학은 자신들에게 돌아올 혐의를 최소화하기 위해 도적 떼에 의한 살인이라고 공모했던 사실이 탄로나면서, 김한평과 김동학의 싸움으로 인해 살인사건이 날 수 있는 가능성에 대해서는 제대로 설명하지 못했다. 거짓말이 탄로나면서 안음현감은 그들의 말을 신뢰하지 않기 시작했고, 이 과정에서 김태건과 구운학은 자신들의 범행이 아닌 다른 가능성을 차분하게 증명하지 못했다. 물론 정말 그들이 범인일 수도 있었겠지만, 성실한 수사관이라면 여전히 확인해야 할 대목들이 많이 남아 있다는 의미다.

조선시대는 살인사건에 대해 엄정한 수사 의지만큼 정책과 과정 역시 잘 갖추어져 있다. 하지만 그럼에도 불구하고 그것을 적용시키는 과정에서 '인권'이 배제되면서 제2의 억울한 죽음을 만들 가능성 역시 컸다. 게다가 당시 안음현감 입장에서 보면, 자신이 내린 사법적 결과가 자기 행정의 오점으로 작용할 수 있었다. 이로 인해 결과를 미리 정해 두고 수사를 짜 맞추었을 가능성 역시 낮지 않다. 그래야 할 이유도 분명했고, 고문을 통해 자백받을 수 있는 권한도 그에게 주어져 있었기 때문이다. 생명을 중시하는 조선의 높은 이상이 왜곡될 수 있음을 보여 주는 대목이다.

그럼에도 조선시대가 억울한 죽음을 없애기 위해 얼마나 치밀한 형사법 체제를 가지고 있었는지를 기억하고, 그 철학만큼은 이어 갈 필요가 있다는 점 역시 분명한 사실이다. 동시에 형사 심리 과정에서 '인권'이 왜 중요하고, 얼마나 보호되어야 하는지도 돌아보는 것도 중요하다. 원통하게 피살당한 사람이 가진 '억울함'의 무게와 잘못된 조사로 인한 2차 피해자의 '억울함'의 무게는 조금의 차이도 없기 때문이다.

주석

머리말

[1] 나탈리 제면 데이비스, 양희영 옮김, 《마르탱 게르의 귀향》, 지식의 풍경, 2000.

[2] 조재호, 황위주 외 옮김, 《譯註 嶺營日記·嶺營狀啓謄錄》, 경북대학교 영남문화연구원, 2004.

프롤로그

[1] 《승정원일기承政院日記》, 영조 23년(1747) 9월 27일 28번째 기사 참조. 동년 10월 2일 23번째 기사에는 임지로 떠나기 전 왕에게 하례하는 기록도 있다.

[2] 국사편찬위원회 편, 《여지도서輿地圖書(下)》, 한국사료총서 제20. 국사편

찬위원회, 1973, 〈보유補遺·경상도안의慶尙道安義〉, 988쪽, "沈鋌: 寬平之政, 九考皆上." 《여지도서》는 1757년에서 1765년까지 편찬한 읍지를 모아서 하나의 책으로 엮은 것인데, 본편에는 안음현이 누락되어 있었다. 이후 국사편찬위원회에서 1973년 《여지도서》를 발간하면서, 여기에서 빠진 지역은 여러 읍지들을 모아 보유편으로 만들었는데, 안음현의 경우에는 1832년 완성한 《경상도읍지》 속에 들어있는 〈안의현〉 편을 수록한 것으로 보인다. 관련 내용은 이재두, 〈《여지도서》의 누락읍지 보완과 수록순서 보정〉, 《전북사학》 54호, 전북사학회, 2018, 112~113쪽 참조.

[3] 편찬자 미상, 《영총營總》, 황위주 외 번역, 경북대학교 영남문화연구원, 2007, 149쪽에 보면, 지금의 김천 지역에 해당하는 김산군金山郡에서는 기찰군관을 매년 교체하도록 규정하고 있다. 이 사건으로부터 약 50여 년 뒤의 기록이었다는 점을 고려하면, 당시 안음현 역시 매년 기찰을 선임하는 형식을 띠었을 것으로 짐작된다.

[4] 김호, 《《신주무원록新註無寃錄》과 조선 전기의 검시檢屍〉, 《법사학연구》 27집, 한국법사학회, 2003, 3쪽.

1_안음현, 기질이 억세고 싸움하기 좋아하는 땅

[1] 민족문화추진위원회 옮김, 《국역신증동국여지승람國譯新增東國輿地勝覽》 4, 민족문화추진위원회, 1985, 295~296쪽. 원문은 《신증동국여지승람新增東國輿地勝覽》 권31, 〈경상도慶尙道·안음현安陰縣〉에 있음.

[2] 앞의 기록에 따르면 고려 의종 15년에 일어난 무고사건이다. 이 당시 자화

子和라는 사람이 무고한 사건으로, 그 내용을 보면 '정서鄭敍라는 사람의 아내가 현 아전 인량仁梁과 함께 임금과 대신을 저주한다'라고 무고한 사건이다. 이렇게 되면서 자화는 강에 던져 죽였고, 현은 부곡으로 강등시켰다. 자세한 내용은 앞의 책, 296쪽 참조.

[3] 부곡은 원래 후한시대부터 있었던 것으로, 그 기원은 사가私家에 속한 마을을 부르던 단위에서 시작되었다. 고려시대가 되면 부곡은 군현과 같은 국가 행정 체계 속에 포함되는데, 일반적으로 군현보다 격이 낮거나 혹은 특별한 역을 지기 위한 단위였다. 이전에는 천민들의 마을로 보기도 했는데, 부곡에 양인이 구성원이었던 곳도 많아 신분에 따른 행정 단위로 설명할 수는 없다고 보는 견해가 많다. 다만 일반 군현에 속한 작은 행정 단위 정도를 지칭하는 경우도 많았는데, 여기에서는 일반 군현을 징벌적인 이유에서 부곡으로 강등시켰다는 의미이다. 자세한 내용은 박종기, 〈고려高麗 부곡제部曲制의 구조構造와 성격性格〉, 《한국사론韓國史論》 10집, 서울대학교 국사학과, 1984 참조.

[4] 감무는 고려시대 중앙정부에서 직접 관할하던 주현에 속한 속현들을 효율적으로 통치하기 위해 파견한 관리로, 조선시대가 되면 이 현을 관할하는 직임들이 현감으로 바뀌었다. 감무가 파견되었다는 것은 비록 속현이기는 하지만 부곡에서 한 단계 승격되어 정상적인 기능을 가진 현으로의 지위를 갖게 되었다는 의미이다.

[5] 디지털 함양문화대전, 안음현의 내용 참조. http://hamyang.grandculture. net/hamyang/toc/GC07200335self

[6] 《國譯 新增東國輿地勝覽》 4, 296쪽.

[7] 《國譯 新增東國輿地勝覽》 4, 245쪽.

[8] 《國譯 新增東國輿地勝覽》4, 267쪽.

[9] 《영조실록》권40, 1735년(영조 11) 8월 6일 첫 번째 기사. 사헌부에서는 "혁파된 지 8년이나 되어 민간의 폐단이 너무 많다"라면서 다시 돌릴 것을 청했지만, 영조는 "정희량의 반역은 고금에 없던 바인데, 대신들이 어찌 가볍게 그 고을의 원래 이름으로 돌리도록 청할 수 있겠는가?"라면서 허락하지 않았다.

[10] 《영조실록》권41, 1736년(영조 12) 1월 15일 첫 번째 기사.

[11] 《영조실록》권109, 1767년(영조 43) 윤7월 30일 첫 번째 기사.

[12] 국립중앙도서관 엮음, 《국립중앙도서관 고문헌연구총서 7 ― 고지도를 통해 본 경상지명연구 (1)》, 국립중앙도서관, 2017, 209쪽. 관련 통계는 서울대학교 규장각에서 1996년 영인해서 출간한 《호구총수戶口總數》에 들어 있는 내용이다.

[13] 국사편찬위원회 엮음, 《輿地圖書(下)》, 〈補遺·慶尙道安義〉, 983쪽.

[14] 현재는 장수사가 없어지고, 용추암만이 용추사라는 사찰로 남아 지금까지 그 자리를 지키고 있다.

2_사건 전 상황의 재구성

[1] 일반 범죄 예방과 발생에 대해서는 이 사실이 정확하지만, 도적 떼를 잡는 임무에 대해서는 시대별로 조금씩 차이는 있었다. 한양에서는 포도청이 중심이 되었다면, 지역에서도 중영청과 같은 포도청 유사 조직이 설치되기도 했고, 도적 떼의 문제는 군 조직에 일임함으로써 토포사를 보내기도

했다. 지방관은 기본적으로 행정과 사법, 그리고 군의 역할을 동시에 하기 때문에 이와 밀접한 연계를 가지고 있었던 것은 사실이다. 다만 도둑 떼를 제외한 대부분의 범죄는 지방 수령에게 위임되어 있었다. 허남오, 《조선경찰—포도청을 통해 바라본 조선인의 삶》, 가람기획, 2020, 99쪽 이하. 그런데 조선 후기가 되면 도적에 대한 체포, 즉 토포의 임무는 각 진영장鎭營將에게 맡겨졌고 지방관은 이를 지원하는 형식을 띠기도 했다. 당시 경상도와 충청도, 전라도의 경우에는 전임 영장들이 군사업무와 도둑을 잡는 업무를 했고, 그 외에는 각 지방관이 이를 겸직하는 경우가 많았다. 강원도의 경우에는 주로 겸직을 했는데, 당시 도적 떼로 인한 토포사 처리의 문제에 대해서는 배재홍, 〈조선 후기 三陟營將과 울릉도 搜討〉, 《이사부와 동해》 14집, 한국이사부학회, 2018, 194쪽, 200쪽 등을 참조해 볼 수 있다.

2 흔히 유학의 최종 목표를 수기치인修己治人이라고 하는데, 이는 수양을 통해 '나의 성인됨(修己)'을 이루고, 이를 기반으로 '아름다운 도덕공동체를 만들기(治人)' 위해 지역과 국가를 도덕적으로 교화해 가는 것을 의미한다. 따라서 유교 이념 사회에서 관리는 자신의 도덕성이 지역과 국가를 교화시키는 데까지 이르는 사람이어야 한다는 이상향을 가지고 있었으며, 완성된 관리의 상은 바로 이와 같은 도덕군자여야 했다.

3 이와 같은 문화적 현상은 한 사람의 일생을 평가할 때 사용되는 신주나 지방의 표기에서 특히 잘 드러난다. 즉 신주나 지방에서 그 사람의 일생을 평가하는 방법은 그 사람이 가장 높이 오른 당시의 관직을 통해 드러내는데, 이는 그만큼 도덕적으로 타인이나 지역을 교화시킬 수 있다는 평가에서 나온 것이다. 즉 개인의 수양을 통한 도덕적 성취가 타인과 지역에까지 퍼져나감으로써 도덕적 이상사회 구현을 목표로 했던 유학의 기본 입장에

서 보면, 그 사람이 오른 마지막 관직은 그의 도덕적 수양도와 영향력을 평가하는 것이라고 생각한 것이다.

4 《논어》弟12, 〈顔淵〉 "聽訟吾猶人也, 必也使無訟乎." 이러한 관점에 대해서는 심재우, 《네 죄를 고하여라―법률과 형벌로 읽는 조선》, 산처럼, 2011, 125쪽 및 차인배, 《朝鮮時代 捕盜廳 硏究》, 동국대학교 박사학위논문, 2007, 2~3쪽 참조.

5 《經國大典》, 〈吏典·考課條〉에 실려 있는 내용으로, 수령의 업무를 정해 놓고 이를 평가의 기준으로 삼았다. 그 첫째는 농상성農桑盛, 즉 농업과 잠업을 번성하게 하는 것이며, 둘째는 호구증戶口增으로, 다스리는 지경을 살 만한 곳으로 만들어서 호구를 늘리는 것이다. 셋째는 학교흥學校興, 즉 교육을 유성하게 하는 것이며, 넷째는 군정수軍政修로 군과 관련된 군정을 잘 실시하는 것이다. 다섯째는 부역균賦役均으로 부역과 세금의 부과를 균등하게 하는 것이며, 여섯째는 사송간詞訟簡으로 소송을 빠르게 처리하는 것이고, 일곱째는 간활식奸猾息으로 토호와 아전들의 교활하고 간사한 업무처리를 그치게 하는 것이다.

6 허남오, 《조선경찰》, 99~100쪽.

7 편찬자 미상, 황위주 외 옮김, 《營總》, 경북대학교 영남문화연구원, 2007, 10쪽.

8 《營總》, 150쪽.

9 《營總》, 150쪽.

10 국사편찬위원회 엮음, 《여지도서輿地圖書(下)》, 〈보유補遺·경상도안의慶尙道安義〉, 982쪽.

11 《營總》, 149쪽.

[12] 19세기 각 지역별 토포군관 관련 연구에 따르면, 작은 군현 단위가 대부분 30명이었던 데 비해 경주의 경우 195명 정도 되는데, 이는 실제로 근무하는 토포군관 외에 쌀이나 돈 등을 납부하는, 다시 말하면 토포군관으로 근무하는 사람들을 재정적으로 지원하면서 군역을 감당하던 사람들까지 포함한 수치였기 때문이다. 관련 내용은 서태원, 〈19세기 지방군의 치안구조와 진영〉, 《사학연구》 65집, 한국사학회, 2002, 89쪽 참조.

[13] 장시에 대한 자세한 내용과 기능, 문제점 등에 대해서는 金大吉, 〈朝鮮後期 場市의 社會的 機能〉, 《국사관논총》 제37집, 국사편찬위원회 참조.

[14] 지방관이 강령이라는 책의 제목처럼, 관에 제시될 수 있는 소송의 유형을 담고 있는 책으로 양반과 상놈 간의 다툼, 각종 재산 분쟁, 각종 사건 사고, 산송, 세금 관련 소송 등에 대해 수령이 어떻게 대응할 것인지에 대한 일종의 매뉴얼을 실어 놓은 책이다. 이 가운데 매월 장시의 개시일에 이를 감시할 수 있는 사람들을 보내 기찰하도록 한 내용은 《牧綱》 摘奸條 (《朝鮮民政資料叢書》, 여강출판사, 1987, 176~177쪽), "境內場市之間最是嚴束用力處也 四處謀利之輩咸萃 其間盜賊相離之患不絶……凡物市直不從時價 惟意低仰之弊外他商 賈廣布中憎都買権利之徒 甚至於擊鼓乞錢投箋雜技之輩 許多爲弊之端 如無嚴明約束到底調察 則去以復來 散而還集 必頑嚴束 監考都將期於痛禁 而若有現捉者 猛加嚴治 以爲懲一勵百之政 每月市日 密遣可信之人 這這探知 其所摘發出人 意外然後 庶可畏哉". 참조. 이와 관련된 내용은 金大吉, 〈朝鮮後期 場市의 社會的 機能〉, 195쪽 참조.

[15] 국사편찬위원회 엮음, 《輿地圖書下》, 〈補遺·慶尙道安義〉, 984쪽.

[16] 국사편찬위원회 엮음, 《輿地圖書下》, 〈補遺·慶尙道安義〉, 987쪽.

17 당시 조선시대에는 국가에서 작은 광산까지 관리할 수가 없어서, 지역에 급여를 주지 않는 별장을 임명하여 이를 관리하기도 했는데, 이들은 그곳의 수비와 치안을 담당하고 세금을 거두어 납부한 후 일정 정도 자신의 수익을 가져갔다.

18 영취사는 현재 폐사되어 전해지지 않는 절로, 기록도 그렇게 많지 않다. 다만 1530년 간행된 《신동국여지승람》에 따르면 덕유산에는 영각사, 영취산에는 극락암이 있었다는 정도의 기록만 남아 있을 정도이다. 조선 후기 승려 추파秋波 홍유泓宥(1718~1774)의 《추파집》에 보면 〈안음영취사기〉가 있는데, 그에 따르면 1736년 가을 주지 승려인 보안普眼에 의해 사찰 중흥이 시작되어 이 당시까지 이어진 것으로 보인다. 국립중앙도서관이 소장하고 있는 1720년 이후 제작된 것으로 추정되는 《여지도》(한 貴古朝61-3)를 기반으로 국립중앙도서관에서 편찬하여 출간된 《국립중앙도서관 고문헌연구총서 7―고지도를 통해 본 경상지명연구 (1)》에는 덕유산 자락 바로 밑에 영취암靈鷲菴으로 표기되어 있다. 관련 지도는 국립중앙도서관 엮음, 《국립중앙도서관 고문헌연구총서 7―고지도를 통해 본 경상지명연구 (1)》, 21쪽 안음현 지도 참조.

19 예컨대 앞에서의 추측대로 북리면 도장이 군 조직인 진영鎭營 산하이거나 토포사에 소속된 군 조직의 도장이라면, 불러서 신문하기 쉽지 않았을 수도 있다.

20 당시 토지와 가옥 매매문건들을 확인해 보면, 지방에서 토지와 초가 3채, 대지 등을 포함해도 100냥이 넘지 않는 곳이 많았다. 이렇게 보면 한양의 150냥짜리 기와집은 매우 높은 가격대에 형성된 집이라고 말할 수 있다.

21 《영총》, 148쪽.

3_검시 원칙과 과정

[1] 현재 나 있는 도로를 따라 보면 실제 8~9킬로미터 정도이지만, 기록에는 30리 길로 나와 있다. 아마 그 당시 길의 사정이나 그들이 느꼈을 길의 주관적 거리 등이 작용한 기록으로 보인다.

[2] 이들은 단순하게 참여만 하는 것이 아니라, 검시 여부를 일정 정도 결정할 수도 있을 정도로 검시에 대한 권한이 컸다. 김호, 《100년 전 살인사건─검안을 통해 본 조선의 일상사》, 휴머니스트, 2018, 16쪽.

[3] 조선시대 살인사건 조사에서 신문은 매우 중요한 방편 가운데 하나였다. 일반적으로 주위에서 신문을 시작해서 최종적으로 관련자들을 조사하는 방식들이 보편화되었고, 이 때문에 관련 신문은 가능한 빠른 시간 내에 사건에서 비교적 먼 관련자들부터 먼저 시작하는 것이 관례였다. 김호, 《100년 전 살인사건》, 72쪽 참조.

[4] 이들 외에도 율사律士, 즉 법률 전문가 등이 검시에 참여하기도 했다. 당시 안음현감의 업무 처리는 기록만으로 볼 때 매우 적절했다는 점이 이를 통해서도 확인된다. 사건을 조사하고 처리할 핵심 인력들과 시친, 그리고 죽은 사람의 편이 되어 줄 절린, 나아가 지역민 대표까지 참여한 참검인들을 꾸렸다.

[5] 오작인 관련 내용으로는 김인호, 《조선의 9급 관원들─하찮으나 존엄한》, 너머북스, 2011, 280쪽 및 심재우, 《네 죄를 고하여라─법률과 형벌로 읽는 조선》, 207쪽 이하를 참조.

[6] 한양의 경우에 오작인들은 주로 병자를 치료하던 동·서 활인원에서 일했는데, 이곳에서 주로 시체를 처리하는 일을 맡았다고 한다. 그리고 전염

병이 돌거나 큰 흉년이 져서 거리에 시체가 많아지면 이를 처리하는 일을 맡았기 때문에, 실제 이들은 시신을 만지는 사람 정도였고 검시에 대한 전문성은 교육 과정이 없기 때문에 천차만별이었을 것으로 보인다. 김인호, 《조선의 9급 관원들—하찮으나 존엄한》, 280쪽 및 283쪽 참조.

7 김호, 《《신주무원록新註無冤錄》과 조선 전기의 검시檢屍》, 19~20쪽 참조.

8 《증수무원록增修無冤錄》은 영조 24년, 즉 1748년 9월 9일 구택규具宅奎에게 명하여 간행하게 하여 이날 8도에 반포하게 했다는 기록이 있다. 이 사건은 1751년이니 《증수무원록》 반포 이후 3년 쯤 지난 시점이므로, 《증수무원록》에 기준해서 검험했을 가능성이 높다. 관련 내용은 《영조실록》 권 68, 영조 24년 9월 9일 3번째 기사 참조.

9 김호, 《《신주무원록新註無冤錄》과 조선 전기의 검시檢屍》, 《법사학연구》 27집, 한국법사학회, 2003, 10쪽. 이하 《신주무원록》 관련 내용은 이 논문에서 기술된 것을 요약하거나 발췌했음.

10 법물의 종류로는 가장 대표적인 게 시신을 잴 때 사용하는 관척이며, 그 외에 다양한 보조 수단들이 있었다. 예컨대 100퍼센트 순도의 은비녀나 술지게미, 식초, 소금, 초椒(산초), 파, 매실, 감초, 토분, 망치, 탕수기, 목탄, 백반, 백지, 솜, 거적저리, 닭, 가는 노끈, 재, 분기 등이 있었으며, 창출蒼朮, 조각皀角 등도 사용되었다. 시신을 깨끗하게 닦고, 상흔이 잘 드러나게 하며, 독살 유무를 판단하고, 시체가 놓인 곳의 악취를 제거하기 위한 용도로 다양한 법물이 사용되었다. 자세한 내용은 김호, 《《신주무원록新註無冤錄》과 조선 전기의 검시檢屍》, 18쪽 및 심재우, 《네 죄를 고하여라—법률과 형벌로 읽는 조선》, 산처럼, 2011, 192쪽.

11 김호, 《《신주무원록新註無冤錄》과 조선 전기의 검시檢屍》, 20~21쪽.

12 김호, 《신주무원록新註無冤錄》과 조선 전기의 검시檢屍〉, 10쪽 이하.

13 자세한 내용은 김호, 《신주무원록新註無冤錄》과 조선 전기의 검시檢屍〉, 11~13쪽 참조.

14 물론 이러한 검시 방법이 지금의 과학적 지식에 비추어보면 속설에 따르거나 과학적 원칙에서 벗어나는 사안들도 많지만, 당시 상황에서는 동원 가능한 지식들이 모두 종합되어 있는 것은 분명했다.

15 4계절로 나누어서 발변이 진행되는 시기도 자세하게 규정되어 있을 정도였다. 자세한 내용 확인은 김호, 《신주무원록新註無冤錄》과 조선 전기의 검시檢屍〉, 17쪽.

16 《성종실록》159권, 1483년 10월 14일 자의 기록에 따르면 "형조刑曹에 전교하기를, '검시檢屍할 때에 외방外方의 관리가 혹은 영조척營造尺을 쓰거나 혹은 주척周尺을 쓰거나 하여 장단長短이 표준이 없으니, 일체《무원록》에 의하여 관척官尺을 쓰도록 거듭 밝혀서 거행하라' 하였다"라고 하였다.

17 많이 사용된 척도 세 종류로는 황종척과 영조척, 그리고 주척이 있다. 그 외에도 의장儀仗제도에 쓰인 조례기척과 의복 제작에 주로 쓰인 포백척도 있었는데, 이를 합하여 총 5종 정도의 척도가 있었다. 이 다섯 가지 척도 전체에 대한 자세한 내용은 이종봉, 《한국도량형사》, 소명출판사, 2017, 176~205쪽 참조.

18 주척에 대한 자세한 설명은 이종봉, 《한국도량형사》, 186쪽 이하 참조.

19 이종봉, 《한국도량형사》, 177쪽에서 재인용. 원문은《경국대전》卷6, 〈工典度量衡〉, "度之制, 十釐爲分, 十分爲寸, 十寸爲尺, 十尺爲丈, 以周尺準黃鍾尺, 則長六寸六釐." 참조.

20 그 외에도 주척 도본의 길이에 대해서는 이종봉, 《한국도량형사》, 190쪽에 상세하게 기술되어 있다.

21 이종봉, 《한국도량형사》, 191쪽.

22 황종과 황종척이 만들어지는 과정 등에 대한 자세한 설명은 이종봉, 《한국도량형사》, 176쪽 이하 참조.

23 고대 율제와 황종척의 관계에 대한 자세한 내용은 우실하, 〈삼태극三太極/삼원태극三元太極의 논리와 5음 12율의 산율 수리체계〉, 《韓國音樂史學報》 32호, 한국음악사학회, 2004를 참조.

24 조선시대 척도에서 황종척이나 영조척, 주척 등과 같이 관척官尺이라는 별도의 이름을 가진 척도가 있었던 것은 아니고, 이 당시 일관된 척도를 위해 정부에서 기존의 척도를 기반으로 만들어서 각 지역에 배포한 것을 말한다. 검시의 경우에는 영조척이나 주척을 사용하지 말고 관척을 사용하라는 말인데, 《증수문언록언해》에서는 "관척은 곧 황종척이다"라고 규정하고 있는 것으로 보아, 검시에 사용된 관척은 바로 황종척黃鍾尺이었다. 관련 내용은 이종봉, 《한국도량형사》, 178~180쪽 및 조영준, 〈조선시대 문헌의 신장身長 정보와 척도尺度 문제〉, 《고문서연구》 41집, 한국고문서학회, 2012, 138쪽. 각주 36 참조.

25 조선 후기 관청에서 제작되었을 것으로 보이는 황종척은 현재 두 종류가 전해지고 있는데, 그 실물을 현재 미터법으로 환산한 사례가 이와 같다. 여기에 대한 자세한 내용은 이종봉, 《한국도량형사》, 183~184쪽 참조. 이 책에서는 황종척 1척을 34.48센티미터로 환산하고 있다.

26 《經國大典》, 卷5, 〈刑典·推斷〉, "訊杖長三尺三寸, 上一尺三寸, 則圓徑七分, 下二尺, 則廣八分, 厚二分(用營造尺)."

27 이종봉, 《한국도량형사》, 193쪽.

28 이종봉, 《한국도량형사》, 196쪽 표를 참조.

29 현존하는 창덕궁 소장 사각 유척을 보면 사각의 각 면에 황종척과 더불어 주척과 영조척 등이 반척으로 함께 새겨져 있다. 이종봉, 《한국도량형사》, 183~184쪽.

30 이 양식은 이미 세종 때부터 그 기록이 보이며, 그 이후 살인사건 검시의 표준이 된 듯하다. 관련된 기록은 《조선왕조실록》 권112, 세종 28년 5월 15일 자 기록. "의정부에서 형조의 정문에 의거하여 아뢰기를, '검시檢屍하는 장식狀式을 본조本曹로 하여금 간판刊板하여 자호字號를 인출印出하고 답인踏印을 시행하여, 한성부漢城府와 각부各部에 나누어 보내어 명백하게 치부置簿하고, 5부部에서 초검初檢한 뒤에 검시장檢屍狀을 곧 본조本曹에 보고하고, 또 한성부漢城府가 복검復檢하여 그 장狀을 본조本曹에 옮기면, 상복사詳覆司에서 초검初檢·복검장復檢狀 안의 같고 다른 것을 전장專掌하여 상고해서 시행하게 하소서' 하니, 그대로 따랐다." 〈검시장식檢屍狀式〉에 대한 아래 내용은 김호, 《《신주무원록新註無冤錄》과 조선 전기의 검시檢屍》, 27쪽 이하의 내용을 요약한 것임.

4_검시 결과

1 검시에서는 이 부분 역시 중요했다. 검시관의 도착 시간과 살해당한 이후의 검시에 착수한 시간의 차이, 그리고 날씨에 따른 부패 상태 등의 문제가 따르기 때문이다. 이 때문에 《신주무원록》에는 날씨에 따른 시신의 부

패 상태와 파악 방법까지 기술되어 있다. 김호, 《신주무원록新註無寃錄》과 조선 전기의 검시檢屍〉, 17쪽 이하.

2 교살의 경우 자살과 구분이 잘 안되기도 했는데, 몸과 혀가 나온 상태, 눈을 감았는지 여부 등을 가지고 판단했다. 김호, 《신주무원록新註無寃錄》과 조선 전기의 검시檢屍〉, 17쪽 이하 참조.

5_현장조사에서 자백까지, 신문의 원칙

1 강상을 범했다는 것은 유학의 기본 유지 원리를 어겼다는 의미로, 주로 효제충신孝弟忠信과 같은 기본적인 도덕률을 어긴 경우에 해당한다. 예컨대 부모에게 해를 가하고 효의 윤리를 어긴 행위나, 부부간의 기본적인 관계 윤리를 어긴 경우, 그리고 이를 바탕으로 마을 공동체나 국가 공동체에까지 유교 윤리를 어긴 경우에 강상을 범한 경우로 보았다. 여기에 대해 자세한 내용은 정순옥, 〈조선시대 사죄심리제도와 《審理錄》〉, 전남대 박사학위논문, 2005, 22~26쪽 참조.

2 조선의 인명 살상에 관한 법은 일반법에 해당하는 《대명률大明律》에 근거하도록 《경국대전》에 규정되어 있다. 《대명률》의 살인사건에 대한 형량은 대단히 엄격하다. 인명에 관해서는 사람의 목숨으로 갚아야 한다는 인식에 따른 것으로 대부분 형량은 사형이다. 사형 내에서 구분되는 정도라는 게 참형과 교형 정도로, 고의살인에서 주범은 참형, 공범은 교형으로 처벌하도록 규정되어 있다. 전통적인 인식에 따르면 신체를 훼손하는 참형이 신체를 보존해 주는 교형에 비해 형량이 크다고 할 수 있지만, 현대법의

관점에서 보면 모두 사형에 해당한다. 《대명률》에서 사람을 죽이고도 사형을 면할 수 있는 것은 오직 과실치사뿐인데, 이 과실치사도 매우 엄격하게 판정하도록 했다. 자세한 내용은 김태계, 〈조선시대의 인명人命에 관한 죄의 종류와 그 형벌에 관한 연구〉, 《법학연구》 제26권 제4호, 경상대학교 법학연구소, 2018 참조.

3 심재우, 《조선후기 국가권력과 범죄 통제—《심리록》 연구》, 태학사, 2009, 33쪽.

4 《경국대전》 권5, 〈형전刑典·추단推斷〉, 참조.

5 원론적으로 수사는 경찰이, 기소를 통한 재판은 검찰이 담당해야 하지만, 2020년 한국 사회는 아직 이 구분이 명시적이지 않다.

6 정순옥, 〈조선시대 사죄심리제도와 《審理錄》〉, 53쪽.

7 복검관의 경우에도 원론적으로는 경상감사가 보내는 것이지만, 시신의 부패나 현장 보존의 용이성, 그리고 복검관이 도달하는 시간 등을 감안하다 보니, 대부분 초검관이 초검을 할 때 이미 주위 다른 지방관에게 복검을 요청해 놓는 경우가 많다. 그러나 원칙적으로는 이때부터는 경상감사가 지휘하기 때문에 경상감영의 시간이라고 한 것이다.

8 이것은 처음에는 여성들을 대상으로 한 고문인 찰지에서 시작되었다. 찰지는 여성들을 대상으로 손가락을 새끼줄로 묶고 그 사이에 가는 나무 막대기를 넣은 후 양쪽에서 새끼를 당기는 고문 방법이 있었고, 이것이 파생되어 남자들은 각곤이라고 해서 우리가 흔히 떠올리듯 죄인의 두 다리를 줄로 엮은 막대 사이에 넣고 당기는 방법을 사용했다. 이 고문법은 대략 17세기 이후에야 등장했으며, 죽는 경우도 많은 혹독한 고문 방법으로 치부되었다. 그래서 도둑을 다스리는 경우에만 한정하여 사용하기도 했지만,

관습적으로 행했지 법에서는 금하는 고문 방법이었다. 자세한 것은 심재우, 《네 죄를 고하여라—법률과 형벌로 읽는 조선》, 50~52쪽 참조.

[9] 실제 관리가 형벌을 함부로 적용했을 때에는 장형 100대, 도형 3년에 처했으며, 만약 죽였을 경우에는 장형 100대에 처하고 관리로 영구히 등용하지 않게 되어 있다. 《經國大典》卷5, 〈刑典·濫刑〉, "官吏濫刑杖一百, 徒三年, 致死者杖一百, 永不敍用."

[10] 이 내용은 전체적으로 沈羲基, 〈朝鮮時代의 拷訊〉, 《사회과학연구》 5집, 영남대학교사회과학연구소, 1985의 내용을 요약한 것임.

[11] 자세한 내용은 정순옥, 〈조선시대 사죄심리제도와 《審理錄》〉, 12쪽 이하 참조.

[12] 沈羲基, 〈朝鮮時代의 拷訊〉, 63쪽 그림 인용.

[13] 《경국대전》 권5, 〈형전·추단〉, "訊杖長三尺三寸, 上一尺三寸, 則圓徑七分, 下二尺, 則廣八分, 厚二分(用營造尺)." 검시는 관척으로 활용된 황종척을 사용하는 것이 일반적이었는데, 이는 일종의 기물 제작에 해당해서 영조척을 사용하라고 한 것 같다.

[14] 태형과 장형에 사용되는 곤장과 신문에 사용되는 곤장의 차이에 대해서는 허남오, 《조선경찰》, 142~143쪽에 잘 소개되어 있으므로 이를 참조할 것.

[15] 沈羲基, 〈朝鮮時代의 拷訊〉, 65쪽 및 허남오, 《조선경찰》, 139쪽 참조.

[16] 《경국대전》 권5, 〈형전·추단〉, "以下端打膝下不至膁胠."

[17] 《경국대전》 권5, 〈형전·추단〉, "一次毋過三十度."

[18] 沈羲基, 〈朝鮮時代의 拷訊〉, 67쪽.

6_첫 번째 피의자 신문

[1] 허남오, 《조선경찰》, 28쪽.

7_두 번째 피의자 신문

[1] 아마 《경국대전》의 규정을 지켰다면, 신장을 사용하기 위해서 최소 3일 뒤에 다시 신문했을 가능성이 높다. 다만 이를 지키지 않았다면, 조속한 사건 해결을 위해 좀 더 빈번한 신문이 있었을 수도 있다. 더불어 1차도 그렇겠지만 2차 역시 반드시 각각 한 차례씩만 신문한 것이 아니라, 여러 차례가 합쳐져 각각 1차와 2차 신문으로 나누어졌을 수도 있다. 여기에서 2차 신문이란 왕에게 올린 장계에서 진술 내용이 달라지는 지점을 잡아서 2차 신문이라고 했다.

[2] 정순옥, 앞의 논문, 54쪽.

8_복검과 동추

[1] 《세종실록》 권95, 1442(세종 24) 2월 27일 세 번째 기록.

[2] 《세종실록》 권95, 1442(세종 24) 2월 27일 세 번째 기록.

[3] 초검관과 복검관이 정보를 공유하면, 원래의 취지를 상실할 가능성이 높았다. 이 때문에 초검관은 기초적인 상황 외에는 검시 내용 관련 정보를 공

유할 수 없었다. 정순옥, 〈조선시대 사죄심리제도와 《審理錄》〉, 61쪽.

4 군현 단위의 지방관이 즉결로 처리할 수 있는 형량은 태형笞刑 이하였고, 형조나 개성부, 관찰사처럼 도 단위의 지방관은 유형流刑, 즉 유배형까지 즉결로 처리할 수 있었다. 《경국대전》 권5, 〈형전·추단〉, "本曹·開城府·觀察使, 流刑以下直斷. 各衛門, 笞刑以下直斷." 관련 내용으로는 심재우, 《조선 후기 국가권력과 범죄 통제—《심리록》 연구》, 태학사, 2009, 33쪽 참조.

5 정순옥, 〈조선시대 사죄심리제도와 《審理錄》〉, 75~76쪽.

6 이 사건의 자세한 처리 과정은 이상호·이정철, 《역사책에 없는 조선사》, 푸른역사, 2020, 98쪽 이하에서 볼 수 있다.

7 《경국대전》 권5, 〈형전·추단〉, "死罪, 三覆啓. 外則觀察使定差使員, 同其邑守令推問, 又定差使二員考覆, 又親問, 乃啓." 《경국대전》의 이러한 규정에 따르면, 첫 번째는 동추, 두 번째는 차사원을 보내 진행하는 고복, 그리고 마지막 삼복은 감사가 친히 문초하고 보고를 올리도록 되어 있다. 그런데 심재우의 경우에는 왕이 마지막 판부判府, 즉 판결을 내리는 과정을 삼복으로 보기도 한다. 이는 왕에 따라 차이가 있을 수도 있고 한성부와 외방의 차이로 볼 수도 있을 듯하다. 이 사건의 경우에는 《경국대전》의 규정에 따라 감사가 삼복을 하고 보고를 올리는 것으로 보았다. 심재우의 입장은 《조선후기 국가권력과 범죄 통제—《심리록》 연구》, 64~68쪽.

8 실제 사형에 해당하는 죄로 인식된 경우에는 우선 관찰사는 차사원을 보내 해당 수령과 함께 사건을 조사하는데, 이게 동추를 통해 진행된 듯하다. 3복제의 첫 번째 신문이 바로 동추였다. 이를 기반으로 다시 차사원 2인을 보내 재심하게 하는데, 이게 뒤에서 보는 고복의 과정이다. 나아가 마지막

으로 관찰사가 직접 조사하는 3심의 단계가 있다. 따라서 동추는 사형에 해당하는 3차례 신문 가운데에서 공식적인 첫 번째 신문이라고 말할 수 있다. 허남오, 《조선경찰》, 150쪽.

9 정순옥, 〈조선시대 사죄심리제도와 《審理錄》〉, 66쪽.

10 만약 고문 과정에서 죽었다면, 엄한 처벌이 기다리고 있었다. 특히 신문 대상이 사망했을 경우에는 장형 100대에 처하고, 영구히 관리로 등용하지 못하게 하는 규정을 이미 앞에서 확인했다. 《경국대전》 권5, 〈형전·남형〉.

11 김성우, 〈조선시대의 감옥, 사형, 그리고 사형장의 변화〉, 《지방사와 지방 문화》 19집, 역사문화학회, 2016, 18쪽 이하 및 심재우, 《네 죄를 고하여라—법률과 형벌로 읽는 조선》, 209쪽 이하 참조. 김성우의 연구는 류성룡의 아들 류진이 역모에 연루되어 전옥서 감옥에 갇혔던 기록과 정약용이 남긴 《목민심서》의 〈형전〉에서 묘사한 감옥, 그리고 1877년 조선 천주교회 제6대 교구장 리델 주교의 포도청 감옥 생활을 분석했다. 약 300여 년에 가까운 기간 동안 조선의 감옥 묘사에 큰 차이가 없는 것으로 보아, 당시 김태건과 구운학의 옥살이 역시 이에 준해서 이해해도 큰 문제가 없을 듯하다. 이 아래 기술되는 김태건과 구운학의 옥살이 역시 앞의 두 연구를 근거로 이루어졌다.

12 김성우, 〈조선시대의 감옥, 사형, 그리고 사형장의 변화〉, 12쪽.

13 김성우, 〈조선시대의 감옥, 사형, 그리고 사형장의 변화〉, 15쪽.

14 김성우, 〈조선시대의 감옥, 사형, 그리고 사형장의 변화〉, 13쪽.

15 심지어 먼저 들어온 죄수들과의 지면례知面禮, 환골례幻骨禮, 면신례免新禮 등은 신참 죄수 입장에서는 그야말로 지독한 고통과 폭행을 감당해야 하는 일들이었다. 심재우, 《네 죄를 고하여라—법률과 형벌로 읽는 조

선〉, 219쪽.

16 김성우, 〈조선시대의 감옥, 사형, 그리고 사형장의 변화〉, 13쪽 및 15쪽.

17 김성우, 〈조선시대의 감옥, 사형, 그리고 사형장의 변화〉, 15쪽.

18 1448년 세종은 각 지방에 옥중 위생 관리 규칙을 하달해서, 이념적으로는 머리를 감고 목욕도 할 수 있도록 했고, 겨울에는 볏짚을 두텁게 깔도록 했다. 그러나 규칙은 규칙일 뿐이었다. 심재우, 《네 죄를 고하여라—법률과 형벌로 읽는 조선》, 216쪽.

19 김성우, 〈조선시대의 감옥, 사형, 그리고 사형장의 변화〉, 15쪽.

9_경상감영의 판단과 사건의 결말

1 고복이 진행되었다는 점은 아마 이들의 형량이 거의 사형에 준할 것이라는 판단을 경상감사가 내렸기 때문인 것으로 보인다. 사형에 해당하는 경우 반드시 3복제에 따른 3단계 신문을 명시화했기 때문인데, 2번째 심문 단계가 차사원 2인을 보내 고복하는 단계이다.

2 각 형벌의 자세한 내용과 규정에 대해서는 심재우, 《조선후기 국가권력과 범죄 통제—《심리록》 연구》, 42~49쪽 및 심재우, 《네 죄를 고하여라—법률과 형벌로 읽는 조선》, 18쪽 참조.

3 여기에는 초검 및 복검의 시장屍帳 및 신문보고서 등을 비롯한 검안 모두가 첨부되었을 것이다.

4 김성우, 〈조선시대의 감옥, 사형, 그리고 사형장의 변화〉, 26~27쪽.

5 김성우, 〈조선시대의 감옥, 사형, 그리고 사형장의 변화〉, 29쪽.

⁶ 김성우의 연구에 따르면 대시 참형과 불대시 참형은 형의 집행처도 달랐다. 대시 참형은 일반 형률을 적용해서 형조에서 참형을 하는 데 비해, 불대시 참형은 군율을 적용해서 참형을 했다. 대시 참형은 비공개로 행해지는 경우도 많았지만, 불대시 참형은 공개형이 원칙이었고 사형수의 머리를 나무 막대기에 달아 며칠씩 뭇 사람들로 하여금 경계하게 하는 효수의식이 거행되기도 했다. 자세한 내용은 김성우, 〈조선시대의 감옥, 사형, 그리고 사형장의 변화〉, 31쪽.

에필로그

¹ 여기에 대한 자세한 내용은 이상호, 《《조선왕조실록》에 나타난 성종조成宗期 재이관災異觀의 특징》, 《국학연구》 21집, 한국국학진흥원, 2012 참조.

조선사의 현장으로 01_1751년, 안음현 살인사건

2021년 4월 29일 초판 1쇄 발행
2021년 12월 17일 초판 3쇄 발행

글쓴이   이상호
펴낸이   박혜숙
디자인   이보용
펴낸곳   도서출판 푸른역사

우) 03044 서울시 종로구 자하문로8길 13
전화: 02)720−8921(편집부) 02)720−8920(영업부)
팩스: 02)720−9887
메일: 2013history@naver.com
등록: 1997년 2월 14일 제13−483호

ⓒ 이상호, 2021

ISBN 979-11-5612-194-7 04900
(세트) 979-11-5612-193-0 04900